Anonymous

Aus dem Tagebuche eines kaiserlich mexikanischen Offiziers

Anonymous

Aus dem Tagebuche eines kaiserlich mexikanischen Offiziers

ISBN/EAN: 9783743657687

Hergestellt in Europa, USA, Kanada, Australien, Japan

Cover: Foto ©ninafisch / pixelio.de

Weitere Bücher finden Sie auf **www.hansebooks.com**

eines

Kaiserlich mexikanischen Officiers.

Mit 2 Karten.

Separat-Abdruck aus „Streffleur's österreichische militärische Zeitschrift".

WIEN
Selbstverlag der Redaction. — Druck von Kreisel & Gröger
1888.

Aus dem Tagebuche eines kaiserlich mexikanischen Officiers.

(Mit zwei Karten.)

Einleitung.

Als junger, lebens- und thatendurstiger Officier trat ich aus der Wiener-Neustädter Militär-Akademie und sah nicht nur den Himmel, sondern auch die ganze Welt voller Geigen. Schon nach wenigen Jahren winkte uns jungen Officieren die schöne Gelegenheit — mit dem Aufrufe zum Eintritte in das österreichische Corps, welches den Kaiser Maximilian nach Mexiko begleiten sollte — die neue Welt zu sehen.

Auch ich entschloss mich dazu, und veröffentliche nun heute — nachdem mehr als zwanzig Jahre über die damaligen Ereignisse hinweggezogen sind — in Folge vielseitiger Aufforderungen, den Lesern die Aufzeichnungen, „mein Tagebuch", welchen die freundliche Redaction der allgemein bekannten und weit verbreiteten „Streffleur's österreichischen militärischen Zeitschrift" ihre Spalten bereitwilligst zur Verfügung stellte.

Das Tagebuch schildert, mit Hinweglassung aller politischen Commentare — die für uns Officiere nicht passend wären — nur schlicht, einfach und wahrheitsgetreu meine Erlebnisse im Dienste des unglücklichen, so hochverehrten Kaisers Maximilian I. Mit der Einschiffung des österreichischen Corps in Triest beginnend, beschreibt es die Seereise nach Amerika (Veracruz), die Ereignisse während meines dreijährigen Aufenthaltes dortselbst und endlich die Rückkehr des Corps nach Europa.

Diese Schilderungen dürften so manchen älteren Kameraden, der die Expedition selbst mitgemacht, jedoch — vielleicht zu seinem Bedauern — darüber keine Aufzeichnungen gemacht hatte, so manche interessante Thatsache in's Gedächtnis zurückrufen, die ihm bereits gänzlich aus der Erinnerung entschwunden, den jüngeren Waffengefährten aber eingehend mit Ereignissen der Weltgeschichte vertraut machen, die so intensiv ein Mitglied unserer Dynastie und mit ihm das gesammte Allerhöchste Kaiserhaus betroffen hatten.

Adieu Heimatland! es geht in die wogende See und in das Reich Montezumas. Die letzten Salutschüsse sind verhallt vor dem Schlosse Miramare und eine Umkehr liegt weder im Bereiche der Möglichkeit, noch in dem meiner Wünsche; aber originell bleibt doch die veranlassende Ursache zu dem Entschlusse, meinem Vaterlande Valet zu sagen.

Mein Regiment garnisonirte in Monselice und Umgebung, als ich eines Abends, es war im Monate Mai 1864, in das Kaffeehaus kam und mehrere meiner Kameraden nicht wie sonst beim Schach und Piquet, sondern in einer lebhaften Debatte traf über die herrlichen Aussichten, die sich ihnen beim Übertritt in das freiwillige Corps bieten würden, welches für Mexiko anzuwerben die Allerhöchste Sanction ertheilt wurde. — Servus Cz.....! Eine Neuigkeit, wurde mir freudig entgegengerufen, wir gehen nach Mexiko. Nur zu, erwiderte ich lachend, ich wünsche Euch viel Glück.

Spass bei Seite; wir sind wirklich entschlossen, unser Heil in der neuen Welt zu suchen.

Gut, dann geh' ich mit.

Wir nehmen Dich beim Worte.

Das könnt Ihr. Vivat Maximilian, vivat Mexiko!

Wenige Tage darauf hatten wir mit Ausnahme eines Einzigen unsere Gesuche um Aufnahme in das Freiwilligen-Corps eingereicht. Ein vom 3. Juli datirtes Schreiben des Obersten Grafen Thun verständigte mich, dass ich als Oberlieutenant angenommen sei. In der freudigsten Aufregung eilte ich zu meinen Kameraden, die eine ähnliche Verständigung erhalten, ich hoffte sie von den gleichen Gefühlen beseelt. Wie gross aber war meine Enttäuschung, als mir Einer nach dem Andern erklärte, sich übereilt zu haben und von seinem Vorsatze abzustehen.

Ich begriff diese Wankelmüthigkeit nicht und machte ihnen lebhafte Vorstellungen, die aber zu nichts führten und eine gegenseitige Verstimmung zurückliessen.

Umso eifriger verfolgte ich meinen einmal gefassten Entschluss. Die vom Landes-General-Commando abverlangte Conduite und die Erklärung, dass ich die Verordnung betreff des Übertrittes genau kenne, wurde abgesandt, und da man im Leben keinen wichtigen Schritt machen kann, ohne eine Taxe zu entrichten, so wurde der unvermeidliche Gulden zur Ausstellung des Certificates beigelegt.

Der Mensch wird geboren und entrichtet die erste Taxe, im Leben bieten sich ihm unzählige Gelegenheiten, dasselbe zu thun und der Tod zwingt ihn endlich nochmals, dieser Pflicht nachzukommen. Warum hätte ich ohne Taxe nach Mexiko gelangen sollen? — In kürzester Zeit befand ich mich im Besitze des Certificats, meine anderweitigen Reise-

Vorbereitungen waren bald getroffen, und der Tag kam, an dem ich Abschied nehmen musste von meinen Kameraden und ihren Familien.

Das letztere war für mich eine schwere Aufgabe. Als zwölfjähriger Knabe verliess ich mein Elternhaus, um nicht wieder dahin zurückzukehren. In der Wiener-Neustädter Akademie erzogen, hatte ich keine Gelegenheit, mich der zärtlichen Sorgfalt, der liebevollen Theilnahme einer Mutter oder Schwester zu erfreuen, in Folge dessen mied ich den Umgang mit Frauen, von deren Einfluss auf die menschliche Gesellschaft ich mir damals noch nichts träumen liess. Im Gegentheil, ich hielt sie für Geschöpfe, auf die ich von der Höhe meines männlichen Bewusstseins tief hinabblicken zu dürfen glaubte und dennoch, wer erklärt mir dieses Räthsel? fürchtete ich sie und nie hat eine feindliche Abtheilung mich auf einer solch' schmählichen Flucht erblickt, als diejenige war, in die mich drei Frauenstimmen schlugen, welche mir aus dem Salon meines Gönners, des Obersten von Bäu . . . . entgegenhallten.

Am 1. September Nachmittags fuhr ich in Begleitung mehrerer Kameraden nach Padua und am nächsten Tag wurde die Reise nach Laibach angetreten. Dort angekommen, begab ich mich am nächsten Morgen in die Kaserne (Zuckerfabrik), wo die Freiwilligen untergebracht waren. Es befanden sich etwa 60 Officiere unter ihnen, die mich mit vieler Freundlichkeit aufnahmen und ohne Unterschied der Charge mit „Du" ansprachen.

Wie ich hier hörte, hatten sich über 1000 Officiere zur Aufnahme in das Corps gemeldet, es wurden jedoch nur 200 aufgenommen, grösstentheils tüchtige, thatendurstige Leute. Der schroffe Abstand, welcher in der österreichischen Armee zwischen den Officieren der Cavallerie und Infanterie herrscht, war da gänzlich aufgehoben, die gleiche Idee und die gemeinschaftliche Sache erfüllte uns Alle; wir Alle gingen einer ungewissen, gefahrvollen Zukunft entgegen und dieses Bewusstsein knüpfte das Band der Zusammengehörigkeit um so fester.

Was die Mannschaft anbelangt, so bestand sie aus Abenteurern der verschiedensten Art. Meist grosse, kräftige Leute mit kühnen wetterharten Gesichtern, von denen wohl jeder eine mehr oder weniger stürmische Vergangenheit voll Schuld und Unglück hinter sich zurückliess, um in dem fernen Welttheil ein neues Leben zu beginnen.

Die Zeit unseres Aufenthaltes in Laibach verfloss rasch und angenehm; es gab viel zu thun, doch auch an Unterhaltung und Zerstreuung fehlte es nicht. Manches zarte Band wurde geknüpft, als ob Niemand an die bevorstehende Trennung gedacht hätte oder gerade deshalb, weil sie so nahe bevorstand. — Manchem mag wohl das Glück in der zwölften Stunde gelächelt haben und da konnte wohl der Jüngling, der genossen ein Vergnügen, nicht anders als dankbar und verschwiegen sein.

Am 23. October benachrichtigte uns General Graf Thun von der nahe bevorstehenden Einschiffung und am 1. November wurde Marschordre gegeben und die Art der Einschiffung bekannt gemacht, wornach auf dem Bolivian der Corpsstab, die 2., 3. und 6. Compagnie, die 1. und 2. Pionnier-Compagnie, die Corps-Musik, dann grosse Munitions-Vorräthe, Spitalsgeräthschaften und Monturen einbarkirt zu werden hatten.

Endlich kam der lang erwartete Tag der Abreise nach Triest (18. November). Eine unzählige Menschenmenge hatte sich trotz des schlechten Wetters am Bahnhofe eingefunden, um den scheidenden Landeskindern ein herzliches „Lebewohl" zuzurufen. Unsere Feldlaternen wurden durch die Fackeln der Bürger verdunkelt, die uns das letzte Geleite gaben und welche Gefühle auch die Brust des Einzelnen bestürmen mochten, bekundete doch ein tausendstimmiges Hurrah, dass wir Alle darin einig waren, der Zukunft mit Entschlossenheit entgegen zu gehen.

Um 4 Uhr Morgens langten wir in Triest an, die Mannschaft wurde im alten Lazareth untergebracht; die dienstfreien Officiere, welche Triest von früher kannten, suchten ihre Bekannten und Lieblingsorte auf, während ich meiner platonischen Liebe vom Jahre 1859 Fensterpromenaden machte — leider wieder ohne jeden Erfolg.

Während der Einschiffung stand am Molo und der Riva entlang, Kopf an Kopf eine dichtgedrängte Menschenschaar aller Stände. Die ganze Stadt war in Bewegung; die sonst gegen das Militär so zurückhaltenden Italiener drängten sich in der Abschiedsstunde an uns heran, um uns die Hand zu drücken, während die schönen Augen mancher Signorina thränenfeucht den Scheidenden Grüsse zuwinkten.

Als um 12 Uhr die Anker gelichtet wurden, acclamirte uns ein 1000stimmiges „Eviva", das wir mit zahlreichen Vivatrufen beantworteten. Lange sahen wir nach dem Lande zurück und erwiderten mit nicht ganz leichten Herzen die Abschiedsgrüsse der Bevölkerung Triest's und erst, als der Hafen unseren Blicken entschwand, begaben wir uns in die Cajüte hinab.

Der Bolivian, ein grosser schöner Schraubendampfer mit 3 Masten, gehörte der transatlantischen Gesellschaft und hatte bereits englische Truppen nach Canada und dem Cap der guten Hoffnung, sowie 1854 französische Truppen nach der Krim transportirt; wir konnten daher in seine Seetüchtigkeit das grösste Vertrauen setzen.

Der Capitän Harry Palmer Couche war ein junger, liebenswürdiger, dabei kaltblütiger Seemann, der sich Mühe gab, uns die Fahrt so angenehm als möglich zu machen.

Was die Verpflegung auf dem Schiffe anbelangt, so übertraf sie alle Erwartungen und machte der englischen Küche Ehre. So wurde z. B. zum Frühstück, das um 10 Uhr eingenommen wurde, Beefsteak, Pudding, kalter Kalbsbraten, Schinken, Bäckereien, Obst, Wein, Kaffee und Brandy aufgetragen. Um 6 Uhr war Diner, das aus 14 Gängen bestand; Wein, Cognac, Kaffee und Brandy waren im Überfluss vorhanden.

Lieutenant Pekec und ich nahmen eine Cabine in Beschlag, in der sich 4 Betten befanden. Später gesellte sich Capellmeister Z. zu uns, verliess uns jedoch bald wieder, so dass wir während der ganzen Reise in dem alleinigen Besitz der Cabine blieben.

Während der Nacht stürzte ein Mann über Bord und konnte trotz aller Bemühungen nicht gerettet werden.

Um 8 Uhr Früh waren wir in der Höhe von Brindisi angelangt und da wir nur in geringer Entfernung von der Küste südwärts schifften, war das Festland deutlich zu sehen. Zahlreiche Thürme, die auf durchschnittliche Entfernung von einigen Seemeilen auf den höheren Punkten, längs der Küste Apuliens bis zum Cap Sta. Maria di Leuca hinab erbaut sind, erinnern an das Piratenwesen vergangener Jahrhunderte.

Von Stunde zu Stunde wurde die Welt um uns schöner und während sich in Österreich die Erde bereits in ihr Winterkleid zu hüllen begann, wölbte sich der reinste Himmel über uns und in leichter Kleidung standen wir auf dem Verdeck, das herrliche Schauspiel geniessend. Alles kündigte eine gänzliche Veränderung der klimatischen Verhältnisse an.

Den 22. November, 9 Uhr Vormittags, fuhren wir um das Cap Spartivento; im Hintergrunde der zerklüfteten Felsufer erheben sich auf steilen Abhängen und Bergkuppen die Orte Bianco, Bovalino und Gorace. Um 1 Uhr Mittags passirten wir die Strasse von Messina. Wer hat nicht schon unzählige Male von dem feenhaften Anblick, den dieses gesegnete Erdfleckchen gewährt, gelesen und gleichwohl übertrifft die Wirklichkeit — wie selten! — alle Schilderungen der Feder, alle Versuche des Pinsels, diese Herrlichkeit in Wort und Bild zu fassen.

Wer diese leuchtenden mit tropischen Gewächsen geschmückten Gärten, das dunkle Grün der Orangenbäume, aus denen zahllos die goldenen Früchte schimmern, die düstern Felsgebirge, die über die Schönheit ihrer Umgebung ihre ernsten Mienen zu mildern scheinen, die entzückenden Fernsichten mit den schönsten Schlössern und Villen dies- und jenseits der blauen Flut, die Sicilien von Neapel trennt — wer dies Alles gesehen, der wird inne werden, weshalb schon die Alten so entzückt von dieser Gegend reden, weshalb Diodor und Herodot sie den grossen Garten, das glückliche Gestade nennen.

Am Bord des Schiffes drängte sich Alles nach vorne, um mit gierigen Augen diesen Anblick zu geniessen, der an Schönheit und Grossartigkeit nur im „goldenen Horn" seinesgleichen findet.

Die Stadt Messina liegt vom Meere amphitheatralisch an Bergen emporsteigend $1/4$ Meile vom Nordeingange der Meerenge; sie wurde im Jahre 1000 v. Chr. von den Siciliern gegründet und erhielt von eingewanderten Messeniern ihren Namen. 831 n. Chr. von den Saracenen erobert, starben im Jahre 1743 drei Viertel der Bevölkerung an der Pest aus, 1783 traf sie das furchtbare Erdbeben, bei welchem 80.000 Menschen ihren Tod fanden.

Der Hafen umschliesst die Landzunge Braccio di Raniero, an dessen Eingange das Fort Salvatore liegt; von beiden Seiten wird derselbe von mehreren Befestigungen geschützt. Nördlich von Messina liegt der Wirbel Galofaro, die alte Charybdis, 750 Schritt vom Ufer entfernt mit einer Tiefe von 145 Meter.

Die Durchfahrt durch die sicilische Meerenge war wegen verborgenen Klippen und heftigem Meerstrudel von jeher gefährlich, und die in der Schiffahrt noch nicht sehr erfahrenen Alten mögen dort öfters Seefahrer scheitern und untergehen gesehen haben. Die Phantasie bezeichnete die grosse Gefahr in diesem Meere und an diesem Orte mit schädlichen Wesen. die man aber überwinde, wenn man nur Acht auf sie habe. So entstand wahrscheinlich die Mythe von den verführerischen Sirenen, die durch ihren bezaubernden Gesang die Vorübersegelnden lockten, um sie dann, wenn sie sich bethören liessen, zu ihnen an das Land zu kommen, grausam zu tödten.

Leider konnten wir den Ätna nicht sehen, Wolken verhüllten seinen Gipfel.

Um 3 Uhr Nachmittags passirten wir den Faro, welcher auf der Nordostspitze der Insel auf flachen sandigen Ufern erbaut und durch Verschanzungen geschützt ist.

In der Höhe von Milazzo bekamen wir die Inseln Stromboli, Panaria, Lipari und Vulcano in Sicht. Um 8 Uhr Abends schifften wir nahe bei der Letzteren, einem noch nicht erloschenen Vulcan mit 2 Kratern, vorbei. Die Insel ist natürlich felsig, etwa eine Quadratmeile gross und hat 100 Einwohner, die einzeln an der Küste liegende Häuser bewohnen.

Den 23. November, 11 Uhr Vormittags, waren wir in der Höhe von S. Vito; das Meer war stark bewegt und in Folge des conträren Windes machten wir nur $1^1/_2$—2 Seemeilen in der Stunde. Am Schiff schien alles Leben erloschen und die Seekrankheit forderte ihre Opfer, die ihr auch im reichen Masse gezollt wurden. Ich hatte das Glück, vollkommen gesund zu bleiben und behauptete mit Beharrlichkeit meinen Platz am Verdeck, mit regem Interesse das wechselnde Bild betrachtend, das sich mir bot.

Die Insel Maritimo, die Stadt Bona (Afrika), die Insel Galita, ein kahler Felsen, Algier mit seinem hohen Gebirge und steilen Küsten, Cap Palos und Cap Gata gleiteten wie in einem Diorama an mir vorüber. Welche Naturscenen unter und über dem Wasser konnte man beobachten! Die Abende hatten einen Sonnenuntergang, von dessen wunderbaren Schönheit es schwer ist, einen Begriff zu geben. Lange, goldene Wolkenschleier überzogen den blutrothen Himmel wie mit den zarten Fäden eines metallischen Gespinnstes. Gegen Norden und Süden ging das glühende Roth durch verschiedene Abstufungen von Carmin und Purpur in Violett, Dunkelblau und Braun über, und dazwischen kamen einzelne Stellen des reineren Himmels in grünlichen Tinten zum Vorschein. Nach dem Zenithe hinauf erstreckten sich, von dem Orte der untergehenden Sonne aus, breite abwechselnde Strahlen von lichtem Gelb und Blau. Über unsern Köpfen hingen leichte Wölkchen wie Crêpeschleier. Segel und Mastspitzen tauchten sich in leichtes Carmin und Lila, welches die ganze nördliche Hälfte des Himmelsgewölbes färbte. Und welche Nächte folgten diesen zauberischen Abenden! — Der Mond stand fast senkrecht über den Mastspitzen, nur ein leichtes Plätschern und Rauschen des Meeres an den Schiffswänden war zu hören und wie schimmernde Sterne glitten leuchtende Punkte, von der Nähe des Schiffes ausgehend, über die Wasserfläche. Spielende Delphine tummelten sich im Mondlicht, oft so nah, dass man sie, wenn sie sich über das Wasser erhoben, mit einem Stock vom Schiffsbord hätte erreichen können.

Eine Erscheinung von märchenhafter Schönheit ist das Meeresleuchten; es ist theils ein allgemeines, aus zahllosen im Wasser verbreiteten Lichtpunkten zusammengesetztes, theils unterscheidet man einzelne grosse, verschieden gefärbte Leuchtkörper, die mit feurigen Kugeln und glühenden Eisenstäben verglichen werden können. Das Schiff hinterlässt Feuerfurchen, die weithin sichtbar sind und funkensprühend schäumt es um den Vordersteven. Jeder Windhauch, jede Bewegung schafft andere Lichtspiele, die zu bewundern man nicht müde werden kann.

Den 28. November Morgens langten wir in der Höhe von Malaga an, hatten Spanien und Marocco in Sicht und liefen, von einem uns entgegenkommenden Lotsen geleitet, im Hafen von Gibraltar ein. Nach den üblichen Formalitäten bekamen wir die Erlaubnis, an's Land zu gehen; General Thun beschränkte dieselbe auf die Officiere, da die Engländer Freiwillige für das Capland warben und sehr leicht Einzelne sich durch ein höheres Handgeld hätten verleiten lassen, statt in Mexico in Capland ihr Heil zu versuchen, und da selbst der flüchtige Verbrecher auf englischem Boden frei ist, so hätten wir nicht einmal dagegen protestiren können.

Ich hatte Inspection, musste daher am Schiffe bleiben, während meine glücklicheren Kameraden sich an's Land setzen liessen; doch fand ich wenigstens für heute reichlichen Ersatz' in der Betrachtung des gegenüberliegenden Algesiras, des regen Treibens im Hafen und der ankommenden und abgehenden Schiffe.

Am Abend kehrten die Officiere von ihrem Ausfluge zurück und ihre Schilderung von Land und Leuten spannte meine Neugierde sehr hoch, umsomehr, da General Thun beim Gouverneur die Erlaubnis erwirkt hatte, die Festungswerke besichtigen zu dürfen, eine Artigkeit, die selten Jemand zu Theil wird.

Gibraltar, an der gleichnamigen Strasse gelegen, welche den Atlantischen Ocean mit dem Mittelländischen Meere verbindet und an der sich Afrika mit dem Cap Ceuta und Europa bis auf 2 Meilen einander nähern und die sogenannten Säulen des Herkules bilden, soll von den Phöniciern gegründet worden sein.

Diese merkwürdige Landspitze wird von einem felsigen Höhenrücken durchzogen, der sich im Norden zu einer nur wenig über das Niveau des Meeres erhobenen Niederung senkt, nach W. terrassenförmig, nach O. schroff in die See abfällt und sich in Hara Tower bis zu 429 Meter erhebt. Auf diesem Felsen und seinem westlichen Abhange liegt die britische Festung Gibraltar, in der Mitte der Westküste dieser Halbinsel die Stadt, die mit den Festungswerken durch mehrere Strassen verbunden ist. Erstere sind die stärksten der Welt und gelten für uneinnehmbar, da sie zum grössten Theil in dem Granit des Felsens gearbeitet und mit 1500 der weittragendsten Geschütze, darunter 200 Armstrong-Kanonen, armirt sind.

Die Pulvermagazine sind vollkommen gesichert, in vierseitigen Pyramiden sind Berge von Kugeln aufgerichtet und wegen der Höhe und Rauheit des Felsens sind die Schiesslöcher vom Meere aus nicht zu sehen.

Die grössten Werke sind auf der südlichen Halbinsel angelegt und dienen dazu, den Zugang vom Ocean in das Mittelmeer zu sperren.

Das Gebiet der Engländer umfasst $1/10$ ☐ Meile und ist durch einen etwa $1/8$ Meile breiten neutralen Landstrich von Spanien geschieden. Die Bewohner Gibraltar's sind Spanier, Portugiesen, Mauren, Engländer, Griechen, Italiener und Juden, die in der grössten Eintracht nebeneinander leben.

Die Stadt ist sehr unregelmässig gebaut, mit sehr steilen aber gut gepflasterten Strassen. Zum grossen Schmuck gereicht ihr der wohlgepflegte öffentliche Park, der mit den prachtvollsten Tropenpflanzen und den schön ausgeführten Statuen Nelson's und Elliot's geziert ist. Den Fuss dieser Statuen umgeben 4 Geschütze, die nach den 4 Weltgegenden gerichtet sind und wahrscheinlich bei der Vertheidigung von Gibraltar mitgewirkt hatten. Aus dem Parke führt eine Strasse zu dem befestigten Leuchtthurme, der an der Punta d'Europa steht.

Bemerkenswerth ist noch das auf dem Gipfel des Felsens erbaute Signalhaus und die St. Michaelshöhle, die der Sage nach mit dem afrikanischen Festland in Verbindung steht, und durch welche die auf dem Felsen von Gibraltar heimischen, aber aus Afrika stammenden Affen eingewandert sein sollen.

Die englischen Officiere überboten sich an Artigkeit und Liebenswürdigkeit; wir wurden zum Diner in ihr Casino geladen und staunten nicht wenig über den hier herrschenden Luxus.

Die Salons, die Lesezimmer, sowie der Speisesaal waren mit dem feinsten Geschmack und dem grössten Comfort eingerichtet. Livrirte Diener empfingen uns und bedienten in Glacehandschuhen die mit Silber reich gedeckte Tafel.

Alles zeugte von einer Elegance, einem Wohlleben, wie sich's ein österreichischer Officier mit seiner knappen Gage nicht träumen lässt. Nachdem ich noch den Fisch- und Obstmarkt besichtigt und die nöthigen Einkäufe gemacht, kehrte ich gegen Abend auf das Schiff zurück.

Das französische Schiff „Veracruz" lag im Hafen vor Anker, es war auf der Reise nach Triest begriffen zur Abholung von Freiwilligen für Mexiko.

December 1864.

Atlantischer Ocean. Insel Martinique. St. Jago di Cuba. Golf von Mexiko. Vera-Cruz.

Nachdem alle Vorbereitungen getroffen waren, wurden am 1. December, 4 Uhr Nachmittags, die Anker gelichtet und das Schiff setzte sich in Bewegung. Während der Abfahrt spielte die Musik heitere Weisen und es wurde Alles aufgeboten, die trübe Stimmung, die sich unwillkürlich mancher Brust bemächtigte, zu verscheuchen.

Ein günstiger Wind gestattete die Segel zu spannen und die Dampfkraft dadurch zu verstärken; noch glitten heitere Bilder an uns vorüber und neue Scenen entfalteten sich. Am 3. December hatten wir die Insel Madeira in Sicht, aber bald versank die Küste mehr und mehr am Horizont und eine unabsehbare Wasserwüste dehnte sich vor uns aus. Welche Feder kann das überwältigende Gefühl von der Unendlichkeit des Meeres beschreiben, in dessen Tiefe eine für uns noch unbekannte Welt ruht. Es ist das Element eines zahllosen Thier- und Pflanzenlebens, die Quelle stets neuer unerklärlicher Räthsel. Aber angesichts dieser Majestät und Grösse der Natur drängt sich dem Menschen das Bewusstsein auf, dass er in dem All nicht mehr sei als ein Tropfen in diesem unermesslichen Ocean. Aus dem tiefsten Innern der uralten Wälder, wie aus dem Schosse des ewigen Meeres ertönt die Stimme der Natur, welche dem Staubgebornen zuruft: „Ich habe mit dir nichts zu schaffen, ich herrsche, du aber sorge für dein Leben."

Unwillkürlich schlossen wir Reisegefährten uns noch näher aneinander an und kein schöneres, herzlicheres Verhältnis kann unter Vorgesetzten und Untergebenen herrschen, als es bei uns der Fall war. Selbst die am Schiffe geheiligte Person des Capitäns wurde in unser heiteres Treiben gezogen und liess sich gutmüthig lachend den Scherz zweier Taschenspieler gefallen, die sich unter der Mannschaft befanden. Sie ersuchten ihn, eine hockende Stellung einzunehmen, schoben einen Hut unter ihn, in welchen plötzlich sehr täuschend ein Paar Eier fielen.

Auch die Feier des Nikolausfestes gab Anlass zu manch' heiterm Scherz und zur Vertheilung scherzhafter, oft sehr gelungener Geschenke.

Am 9. December zeigten sich uns die ersten Vorboten der heissen Zone, die fliegenden Fische, eine Erscheinung, die Alle ohne Ausnahme an Bord lockte.

Diese armen Thiere machen gewaltige Anstrengungen, um dem Rachen gieriger Seeungeheuer zu entgehen, denen sie schliesslich doch zum Opfer fallen. Zwei dieser Fische fielen an Bord und wurden gefangen, doch starben sie schon nach kurzer Zeit.

Auch zwei Leichenbegängnisse hatten wir am Bord; einen Matrosen (der an einer beim Lichten der Anker in Gibraltar sich zugezogenen Verletzung starb) und einen Mann der Pionnier-Compagnie sahen wir, in die Nationalflagge eingehüllt, niedersenken in die dunkle, schweigende unendliche Tiefe und die Woge über der Stelle, wo sie ohne Andenken, ohne Raum verschwanden, zusammenschlagen.

Aber das Leben an Bord hat auch seine heiteren Sachen; da die Hitze täglich unerträglicher wurde und wir wahre Tantalusqualen litten, da wir von allen Seiten von Wasser umgeben, dessen erfrischende Wohlthat nicht geniessen konnten, so kann man sich denken, mit welchem Enthusiasmus die Einrichtung eines Douchebades aufgenommen wurde. Ganze Pilgerschaaren in pikantesten Negligées sah man dem neuen Mekka zuwandeln und mit inbrünstiger Andacht ihre Abwaschungen vornehmen.

Den 13. December um 10 Uhr Nachts passirten wir den Wendekreis des Krebses.

Am 15. December um 6 Uhr Abends avisirte der Matrose vom Mastkorbe Land in Sicht! Es war die Insel Martinique. Nach einer 16tägigen Fahrt auf dem weiten Ocean, ohne etwas anderes zu sehen als Himmel und Wasser, ist der Anblick des festen Landes ein sehr erquickender, besonders für uns Landratten. Alle drängten sich am Verdeck zusammen, um die Insel zu sehen. Da die Bordwände schon vollauf besetzt waren, so erkletterte ich, nichts Böses ahnend, eine Strickleiter, um den ersehnten Anblick besser geniessen zu können, wurde jedoch, ehe ich es verhindern konnte, von zwei flinken Matrosen festgebunden und musste, dem Schiffsbrauch gemäss, ein Lösegeld geben. Meine letzten fünf Franken musste ich opfern und das Gelächter aller Anwesenden belohnte mich für meine Neugierde.

Martinique.

Den 16. December um 1 Uhr Nachts kamen wir vor Martinique, doch war es der Dunkelheit wegen nicht möglich, in den Hafen einzulaufen, wir blieben daher bis zum nächsten Morgen in offener See.

Martinique, zwischen Santa Lucia und Dominica gelegen, hat einen Flächenraum von 18 ☐Meilen mit 150.000 Einwohnern, wovon nur $^1/_{12}$ Weisse sind. Die Insel erhebt sich im Innern zu einem hohen bewaldeten Gebirge mit dem 4050' hohen Mont Pelié. Die Ausläufer treten bis an das Meer und gestalten die Küste steil und unregelmässig. Sechs Gipfel enthalten erloschene Krater; zahlreiche Flüsse, von denen einige in ihrem Unterlauf sogar schiffbar sind, strömen von diesen Bergen herab. Das Klima ist feucht und für den Europäer ungesund, befördert aber ausserordentlich die Fruchtbarkeit des Bodens. Der Ackerbau liefert Zucker, Kaffee, Baumwolle, Cacao, Vanille, Bananen, Maniok, Mais etc. Die Wälder sind reich an werthvollen Hölzern, namentlich an Campêcheholz. Die Häfen sind allen Schiffen geöffnet und mehrere Leuchtthürme sichern den Schiffsverkehr. Die grösste Stadt und der wichtigste Handelsplatz ist St. Pierre, an der Westküste gelegen, mit 22.000 Einwohnern. Die Hauptstadt ist Fort de France mit 12.000 Einwohnern, an der schönen gleichnamigen Bai gelegen und von starken Befestigungen überragt. Von Ferne gesehen, scheint diese Stadt sehr unbedeutend zu sein weil sie grösstentheils hinter der tropischen Vegetation verborgen ist.

Bei unserem Einlaufen kam uns eine Schaar von Mulatten und Negerjungen entgegengeschwommen und umkreisten das Schiff. Wir warfen ihnen Geldmünzen zu, die sie mit unglaublicher Geschicklichkeit aus dem Meere heraufholten. Bemerkenswerth ist die Ausdauer dieser jungen Leute, ich sah einige nahezu drei Stunden im Wasser herumschwimmen.

Das Schiff ankerte an einem Kohlenmagazin und eine Laufbrücke verband uns alsbald mit dem Lande.

Der französische General-Capitän erbot sich, unsere Mannschaft auf dem Fort Desé unterzubringen, einerseits zu ihrer Erholung, anderseits um das Schiff gründlich reinigen zu können. Da wir jedoch erst Nachmittags in das Fort marschiren sollten, so hatten wir noch hinreichend Gelegenheit, das geschäftige Treiben der Eingebornen in dem Hafen zu beobachten.

Zum Transporte der Kohlen an Bord wurden schwarze Schönheiten in nahezu paradiesischen Costümen verwendet.

Zum Speisen versammelten wir uns in dem Hôtel Augustin Mignon, wo uns auf Rechnung der Panatica ein köstliches Diner erwartete. General Thun, dessen Liebenswürdigkeit und Güte gegen uns ich nicht genug rühmen kann, arrangirte eine Reitpartie in das Innere des Landes, der sich viele französische Officiere anschlossen und bereitwillig auf alles Sehenswerthe aufmerksam machten.

Da wir uns mehrere Tage in Martinique aufhalten sollten, so suchten sich die meisten Officiere in den Gasthäusern einzuquartieren, die aber so überfüllt waren, dass häufig mehrere Herren ein Zimmer bewohnen mussten. So schliefen auch vier Officiere in einem Zimmer des Hôtel Mignon, als Oberlieutenant S., der eine fürchterliche Angst vor Schlangen hatte, plötzlich mitten in der Nacht mit einem Zetergeschrei von seinem Bette aufsprang, wie toll im Zimmer herumraste und seine Kameraden mit dem Schreckensrufe: „Eine Schlange, um Gotteswillen, eine Schlange!" aus dem Schlafe weckte. Nicht ohne Anwandlung von Grauen sprangen die Andern ebenfalls aus den Betten; es gelang ihnen nach einigen vergeblichen Versuchen, Licht zu machen und nach der Schlange zu sehen, von der sie keine Spur fanden, wohl aber einen riesigen Tausendfüssler, der dem armen S. über das Gesicht gekrochen. Die beruhigende Überzeugung, dass sich S. geirrt, hatte aber nur zur Folge, dass sich S. jetzt weit mehr vor einem Tausendfüssler, als vor einer Schlange fürchtete und die Tropenländer, in welchen sich solche Ungeheuer, wie Schlangen, Affen, Kaimans, Tausendfüssler, Scorpionen, Ameisen, von Tigern nicht zu reden, befanden, jeden Tag mehr von ihrem Reiz für ihn verloren.

Mit den französischen Officieren war der Verkehr ein äusserst angenehmer; wir trafen einige, die den Feldzug 1859 mitgemacht, doch wichen sie jedem Gespräch darüber zartfühlend aus. Die meisten von ihnen sind verheiratet und zwar mit Kreolinnen, die ebenso fein gebildet als liebenswürdig sind. Ist doch auch die schöne Josefine Tacher de la Pagerie, Gemalin Napoleon I., unter diesem Himmel geboren; zur Erinnerung an sie schmückt ein prachtvolles Monument mit ihrer über Lebensgrösse ausgeführten Marmorstatue den Promenadeplatz.

Am 18. marschirte die Truppe wieder zur Einbarkirung in den Hafen; bei dieser Gelegenheit defilirten wir vor dem Gouverneur und der Klang der Militärmusik lockte die schöne Welt an die Fenster und auf die Balkons. Merkwürdiger-, oder soll ich sagen natürlicherweise, hatte die kurze Zeit unseres Aufenthaltes genügt, um manche interessante Bekanntschaft zu machen, die den schnellen Aufbruch nicht Allen ganz erwünscht erscheinen liess. Jedenfalls verliessen wir das erste Tropenland, das wir gesehen, ganz entzückt und mit den angenehmsten Erinnerungen.

Um 4 Uhr Nachmittags fuhren wir weiter, unserem Endziel zu. Nachts schlief ich mit mehreren Kameraden am Verdeck und da lernten wir kennen, was ein Regen unter diesem Himmelsstrich zu bedeuten hat. Wie aus geöffneten Schleussen stürzte das Wasser aus den Wolken und in einem Augenblick waren wir bis auf die Haut durchnässt. In den Kabinen, in die wir uns flüchteten, herrschte dagegen eine Hitze, dass wir uns aus der Scylla in die Charybdis versetzt glaubten. Die Transpiration, in die wir in Folge dessen geriethen, war eine so enorme, dass sich die Haut des Körpers derart erweichte, als ob wir mehrere Tage im Wasser gelegen hätten. Doch auch diese Qual ging vorüber; der nächste Morgen begrüsste uns mit dem schönsten Sonnenschein, wir konnten die Insel Haïti, die schon um 2 Uhr in Sicht war, mit ihren steilen, hohen Felsgebirgen und bewaldeten Abhängen deutlich sehen und einen Wallfisch auf seiner Wanderung bewundern.

Am 22. December waren wir nur eine Seemeile von Haïti entfernt, das Schiff musste aber zwischen 4 und 6 Uhr Früh der vielen Klippen und der grossen Finsterniss wegen stehen bleiben.

Um 3 Uhr Nachmittags passirten wir das Cap Tiburon und am 23. December um $^1/_2$8 Uhr Morgens befanden wir uns in der Einfahrt des Hafens von St. Jago di Cuba; derselbe wird mit dem Meere durch eine Wasserstrasse verbunden, die man aber ohne Lotsen nicht passiren kann, weil sie sich stellenweise lagunenartig erweitert und mehrere unfahrbare Strassen bildet.

Die Küsten sind theilweise seicht und sumpfig und in Folge der Korallenklippen gefährlich; doch gibt es auch zahlreiche gute Häfen.

Rechts von der Einfahrt erhebt sich 60' über dem Wasserspiegel auf einem steilen Felsabhang erbaut, das Castell el Moro, welches sich aber mit seinen bettelhaft adjustirten Soldaten, die uns mit zudringlicher Neugierde betrachteten, in einem echt spanischen Zustande befand. Nach einer halben Stunde erreichte unser Schiff den Hafen, musste aber eine Seemeile vom Lande entfernt Anker werfen, da es nicht genug Tiefgang fand. Nachdem die unvermeidlichen Ceremonien durch die Seebehörden stattgefunden, erhielten wir die Erlaubnis, das Land zu betreten.

Die dienstfreien Officiere, darunter auch ich, benützten gleich eines der vielen das Schiff umkreisenden Boote und wir befanden uns eine Stunde später in der Stadt, die aber keineswegs den angenehmen Eindruck auf uns machte, wie Fort de France. Die Strassen, über alle Massen elend, steil und schlecht gepflastert, setzen eine Turnergewandtheit voraus, die für die ehrenwerthen Mitglieder des Alpenvereins unter Voraussetzung von Gebirgsluft und Alpenkräuter-Parfüm, sehr angenehm, für müdegeschiffte Reisende aber um so unangenehmer erscheinen musste, als diese engen, winkeligen Gassen alle Unzukömmlichkeiten einer echt südlichen Stadt aufwiesen. Die von dem Kreideboden und den nahenden Bergen rückprallenden Sonnenstrahlen machten die Luft zum Ersticken heiss, während die Miasmen, welche aus den Lagunen und der Bai aufstiegen, unsere Geruchsorgane unerträglich belästigten. Die Bauart der Häuser gleicht jener von Fort de France, sie sind aus Holz erbaut und ebenerdig. Durch die bis zum Fussboden reichenden Fenster kann man bis in das Innere sehen und die reiche, oft sehr geschmackvolle Einrichtung und die schönen Damen bewundern, die in Schaukelstühlen ruhend, Cigaretten rauchen und die Vorübergehenden mit grossen dunklen Augen mustern.

St. Jago di Cuba wurde im Jahre 1514 gegründet und war bis zum Jahre 1589 Hauptstadt der Insel, die man die Königin der Antillen nennt. Ihr Flächenraum beträgt 2240 ☐Meilen mit grösstentheils welligem Boden; die Berge, nur selten höher als 300 Meter, sind mit Anpflanzungen und Wäldern bedeckt, an der Südostküste zieht sich aber zwischen dem Vorgebirge Maysi und dem Cap Cruz ein Gebirge hin, welches sich im Pic de Tarquin zu einer Höhe von 2375 Meter erhebt. Der westliche Theil der Insel ist wasserarm, der Südosten der reichste an Flüssen. Die sumpfigen Niederungen an den Küsten sind ungesund und vom gelben Fieber heimgesucht, am gesündesten ist das Innere. Die Eingebornen sind schon im 16. Jahrhundert ausgerottet, an deren Stelle aber Neger eingeführt worden. Die Creolen beschäftigen sich vorzugsweise mit Landbau; die Fremden, deren grösste Zahl aus Spaniern besteht, sind meist Kaufleute, Bankiers und Handwerker. Die Armee besteht nur aus Spaniern, ebenso werden alle Beamtenstellen nur mit solchen besetzt. In Folge der grossartigen Bedeutung Cubas für den Handel Mittel-Amerikas hat der Verkehr auf der Insel sich so beträchtlich entwickelt, dass bereits damals schon 168 Meilen mit der Eisenbahn befahren wurden, deren Hauptlinien sich in dem westlichen Theile befinden, wo sie die wichtigsten Hafenplätze der Nord- und Südküste: Habanna, Matanzas, Cardenas, Sagua la Grande, Cienfuegos und Bejucal mit einander verbinden. Die Haupterzeugnisse der Insel sind Kupfer, an dem die Berge überreich sind, dann Zucker, Kaffee, Baumwolle und Tabak.

Die Bewohner von Santiago kamen uns mit grosser Freundlichkeit und herzlichem Wohlwollen entgegen und zeigten uns mit Bereitwilligkeit alle Sehenswürdigkeiten ihrer Stadt, darunter eine alte verrostete Kanone, die ihren Platz vor der Kirche hat, deren Bedeutung ich jedoch vollkommen vergessen habe.

Als ich in ein Haus trat, um die ungeheuren Räder eines cubanischen Wagens näher anzusehen, näherte sich mir freundlich der Eigenthümer und knüpfte ein Gespräch mit mir an. Als er hörte, dass ich Pole sei, zeigte es sich, wie bewandert er in der Geschichte war und mit welchem Interesse er die Berichte las, die über die Ereignisse in Polen (1863—1864) einliefen. Unter den herzlichsten Sympathie-Versicherungen drang er mir ein Paquet der ausgezeichnetsten Cigarren auf; die Art und Weise, wie er es that, machte es mir unmöglich, das immerhin sehr werthvolle Geschenk zurückzuweisen.

Nachdem ich in einem Kaffeehaus einige Erfrischungen eingenommen, begab ich mich wieder an Bord, wo wir bald darauf den Besuch des deutschen Consuls und eines spanischen Majors erhielten, die uns viel von den Verhältnissen des Landes erzählten, besonders von den Negeraufständen in Haïti, die einen immerwährenden Krieg mit den Spaniern zur Folge haben, doch sollen letztere noch weit mehr unter dem gelben Fieber, als von den feindlichen Kugeln zu leiden haben, und das grosse Militär-Spital in Santiago mit Kranken überfüllt sein.

Am 24. December heiliger Abend und Sclavenmarkt in der Stadt. Die Neugierde trieb mich, dieses gräuliche und doch interessante Schauspiel anzusehen. Es ging sehr lebhaft zu, da viel Volk von nah und ferne zusammengekommen war, das dem Menschenhandel mit Zufriedenheit und lachender Neugierde zusah.

Die Neger waren gruppenweise mit Stricken gebunden, jede Gruppe hatte ihre Losnummer, jeder Einzelne seine Zahl. Es waren Männer, Weiber, Kinder jedes Alters. Es war ein buntes Schauspiel um die Schwarzen her. Da standen feine Damen, elegante Herren, Officiere in hübschen Uniformen mit der Cigarre im Munde und gleichgiltigen Mienen; Bürger, Landleute, Soldaten, und Alle plauschten und lachten und schrien fröhlich durcheinander, während die Augen der Neger, unruhig forschend, auf den Gesichtern der Kauflustigen ruhten, als wollten sie dort ihr künftiges Schicksal lesen. Ein Neger schrie und flehte, man möge ihn nicht von seinem Weibe trennen und ein junges, schönes Negerweib drückte in stummem Jammer ihre beiden Kinder an die ängstlich athmende Brust.

Ich hatte genug und athmete auf, als ich das traurige Bild nicht mehr sah, das mir ewig unvergesslich bleiben wird, war ich doch Zeuge, wie ein Vater spanischer Abkunft seine beiden mit einer Negerin erzeugten Kinder erbarmungslos an den Meistbietenden verkaufte.

Von dem unangenehmen Eindrucke erholte ich mich erst in dem Kreise meiner liebsten Kameraden, Rittmeister Graf Fünfkirchen, Hauptmann von Hassinger und Lieutenant Manussi. $^1/_2$ 2 Uhr Nachmittags (in Wien 7 Uhr Abends) brachten wir auf unsere zurückgebliebenen Angehörigen einen Toast aus. Wir dachten sie uns, um den Christbaum versammelt, nicht ohne Wehmuth unserer gedenkend. Um 2 Uhr wurden die Anker zur Weiterreise gelichtet und um 6 Uhr war ein sehr reiches Diner, wobei die animirteste Stimmung herrschte. Abends wurden drei Mann per Compagnie auf das beste von uns bewirthet.

Am 25. December Messe am Bord; es war ein eigenthümlich feierliches Gefühl, das sich auch der Brust des Leichtsinnigsten bemächtigte, als die frommen Gesänge über die Wogen hinschallten und Gebete zu dem Himmel aufstiegen, der sich so hoch und klar über uns wölbte, man sah wahrhaft den Geist Gottes über den Gewässern schweben.

Des Seemanns Religiösität ist bekannt und wenn man Zeuge eines Gottesdienstes am Meere ist, so begreift man, dass es nicht anders sein kann.

Am andern Morgen brachte der Steuermann, der dem Gotte Bacchus zu sehr gehuldigt, das Schiff ausser Cours. Zur Strafe wurde er geknebelt, wobei die Seeofficiere selbst mit Hand anlegten und da er sich widersetzte, so fehlte es nicht an tüchtigen Rippenstössen und Fusstritten. Dann wurden ihm englische Schliesseisen angelegt, man brachte ihn in eine aufrechte Stellung und befestigte seine über den Kopf erhobenen Hände an eine Strickleiter. In dieser Position musste der arme Teufel einen ganzen Tag verharren ohne einer andern Erquickung als Kautabak, der ihm von barmherzigen Seelen von Zeit zu Zeit in den Mund geschoben wurde.

Am 27. December Nachmittags kamen wir in die Höhe des Cap Sta. Antonio. In der Nacht wurde während der Durchschiffung der Bank von Campêche die Tiefe sondirt und es ergab sich eine Durchschnittstiefe von 40 Meter. Am 28. sahen wir das schneebedeckte Haupt des Vulkans Orizaba aus den, seinen ganzen übrigen Körper bedeckenden Wolken ragen.

Veracruz.

Nach einer Fahrt von 43 Tagen langten wir am 28. December um 5 Uhr Nachmittags in der Rhede von Veracruz an. Vom Meere aus gesehen gewährt die Stadt mit ihren 16 Kirchthürmen und Kuppeln ein sehr anziehendes Bild. Die Ostküste, flach und sandig, hat keinen einzigen guten Hafen, sondern nur offene Rheden und Barren vor jeder Flussmündung, ist in Folge der vielen stehenden Gewässer, Sümpfe und Strandlagunen, deren grösste die Laguna de Tamiagua ist, sowie des vollständig fehlenden Brunnenwassers wegen der ungesundeste Theil Mexikos.

Nachdem die Anker bei dem Fort Uloa, eine Seemeile von der Stadt entfernt, geworfen waren, wurde die Ausschiffung mittelst eines kleinen Dampfers, der zwei eiserne Boote für 80 Mann Raum enthaltend, mit sich führte und ausserdem durch hölzerne Boote, die 20—40 Mann aufnahmen und sich im Schlepptau eines Ruderbootes befanden, ohne weitere Ceremonien bewerkstelligt. Die Mannschaft wurde in einem furchtbar verwahrlosten Kloster ohne Thüren und Fenster, aber von Ungeziefer strotzend, untergebracht. Keine Decke, kein Leintuch, kein Strohhalm zeigte von der kleinsten Fürsorge für die Armen, von denen viele niemals wieder ihre müden Glieder in ein Bett legen sollten.

Für uns Officiere war besser gesorgt; wir wurden in den Hôtels Lousisanna, Commerce und Sosiedad bequartirt, womit auch die Kost verbunden war, die ganz ausgezeichnet ist und derjenigen, die man in den ersten Hôtels Europas bekommt, nicht nachsteht.

Die Stadt ist regelmässig erbaut, hat Arkadengänge um die Märkte und gute, breite, schön gepflasterte Strassen, die sehr rein gehalten werden.

Die Häuser haben flache Dächer, die mit Bäumen, Blumen und Vasen geschmückt, gleichsam schwebende Gärten bilden und durch die freie, luftige Lage, sowie durch die freie Aussicht, die sich von oben dem Auge darbietet, einen Lieblingsaufenthalt der Bewohner bilden. Eine crenellirte Mauer, die an ihren Ecken mit Befestigungen versehen ist, umgibt die Stadt; eine Bahn verbindet Veracruz mit Passo del Macho. Der Handel und Waarentransport ist die Hauptbeschäftigung der Bewohner, die aber nicht viel über 10.000 Köpfe zählen. Die reichen Kaufleute wohnen meistens in Jalapa, da Veracruz wegen des hier herrschenden gelben Fiebers sehr gefürchtet ist. Die Umgebung ist trostlos, nichts als Sümpfe und völlig öde Sanddünen. Und obwol Veracruz der bedeutendste Seehandelsplatz Mexikos ist, welcher die Hälfte der Ein- und Ausfuhr des Landes vermittelt, steht ihm doch nur eine offene unsichere Rhede, die durch einen Molo zugänglich gemacht wird, zur Verfügung. Wie wenig dieselbe Schutz gegen die Stürme gewährt, beweisen die Trümmer von 40 gescheiterten Schiffen, darunter eine Panzerfregatte, die seine Ufer bedecken. Das Fort Uloa ist 2500 Schritt von der Küste entfernt; es hat einen Leuchtthurm und starke Befestigungen mit Staatsgefängnissen, in denen die gefährlichsten Verbrecher verwahrt werden.

Mitte April flieht die Stadt, wer nur fliehen kann, denn da beginnt die Herrschaft des gelben Fiebers, die in den Monaten Juli, August und September ihren Höhepunkt erreicht.

Die Ursache der Krankheit sucht man in Organismen unendlicher Kleinheit, die sich unter gewissen localen Bedingungen ausserhalb des kranken Organismus entwickeln; das gelbe Fieber ist eine miasmatische Ansteckungs-Krankheit und kann nicht von einem Individuum auf das andere übertragen werden. Die Beute des gelben Fiebers sind fast nur Weisse; Indianer und besonders Neger besitzen beinahe vollkommene Immunität gegen die Seuche. Wer dieselbe einmal mitgemacht, ohne zu erkranken, kann bei einem abermaligen Auftreten des gelben Fiebers ruhig sein, ebenso kommt es beinahe nie vor, dass die Seuche ein Individuum zweimal befällt. Von den Erkrankten sterben in der Regel 30%, doch sind auch schon 90% vorgekommen; die grösste Anzahl unter den Todten liefert das kräftige Mannesalter.

Beim gelben Fieber schwankt das Incubations-Stadium zwischen 12 Stunden und mehreren Monaten; in der Regel dauert es 1—3 Tage

Zuweilen gehen dem Ausbruche der Krankheit Mattigkeit, Kopfweh, Gliederschmerzen voran, aber gewöhnlich befällt sie den Betreffenden beim Spiele, Spazierengehen, im Schlafe etc. Der Kranke wird abwechselnd von Hitze und Frost hin- und hergeworfen, Kopf- und Gelenkschmerzen treten auf, die Zunge ist angeschwollen und stark belegt, häufiges Erbrechen bringt die Kräfte des Kranken herunter, die Temperatur steigt zu einer enormen Höhe, vom Weissen im Auge ausgehend färbt sich der Körper allmählich gelb. Als das tödtliche Ende anzeigend, werden folgende Erscheinungen betrachtet: Blutungen aus Mund und Nase und ein charakteristischer aasartiger Geruch, den der ganze Körper des Patienten aushaucht.

Trotz diesem mörderischen Klima befinden sich dennoch weit über 60 deutsche Kaufleute in der Stadt und haben beinahe den ganzen Handel des Landes in Händen. Wir wurden von ihnen eingeladen, das „deutsche Haus", wie sie ihr Casino nennen, zu besuchen. Wir unterhielten uns recht gut, mussten natürlich viel von der Heimat erzählen, was sie uns durch detaillirte Schilderungen der hiesigen Landesverhältnisse vergalten. Im Übrigen wurde, wie bei allen derartigen Versammlungen, viel getrunken, gesungen, gelärmt und eine ganze Menge von Toasten ausgebracht.

In der Nacht vom 31. December zum 1. Jänner (1865) wüthete ein furchtbarer Nordsturm; die Wogen des Meeres gingen weit über den Molo und überschwemmten die nächstgelegenen Strassen. Die Ausschiffung unserer Bagage wurde dadurch um einige Tage verzögert.

Die österreichische Fregatte Novara lag eben damals bei der Insel Sacrificio vor Anker.

Da der Abmarsch in das Innere des Landes für den 7. Jänner bestimmt war, so hatten wir mit den Vorbereitungen, der Bekleidung, Ausrüstung und dem Einexerciren der Mannschaft viel zu thun.

Unsere Ordre de bataille lautete:

1. Pionnier-, 2. und 3. Jäger-Corps nach Jalapa,

6. Jäger-Compagnie nach Perote,

2. Pionnier-Compagnie nach Puebla.

Am 7. Jänner, 9 Uhr Morgens, marschirten wir unter dem Commando des Oberstlieutenant Kodolić von Veracruz ab. Unser Weg führte durch öde Sandwüsten, was bei der enormen und noch ungewohnten Hitze ausserordentlich anstrengend war. Erst gegen Ende unseres Marsches kamen wir durch Urwälder, die uns durch ihre Pracht und Schönheit entzückten. Wir sind gewohnt, uns einen Wald aus einer einzigen oder nur wenigen Baumarten bestehend zu denken. Hier ist aber nicht einmal Raum für alle die Arten, welche hervorwollen und einander verdrängen, und in vielen Formen nebeneinander in der wunderlichsten Mischung auftreten.

Stämme von riesenhafter Grösse breiten hoch in der Luft ihre licht- oder dunkelgrünen Blätterkronen aus, voll grosser schimmernder Blüten. Die Zweige und Äste sind mit Schmarotzerpflanzen, Lianen und anderen Gewächsen besäet. Von einem Baum zum andern laufen zahllose Mengen von Schlingpflanzen und zwischen diesem Netze von Lianen erheben sich unglaublich hohe Büsche mit dicht verschlungenen Zweigen, so dass der Blick, welcher tief in den Wald dringen möchte, schon von den nächsten Gegenständen aufgehalten wird. Tausende von Schmetterlingen, geschmückt mit einer wunderbaren Farbenpracht, fliegen umher, leuchtende Käfer summen und in den Zweigen frohlockt ein Chor von bunten Vögeln mit nie rastenden Zungen. Hin und wieder bricht die Sonne durch das dichte Laubgewölbe, dann spielt das bald lichte, bald dunkle Grün der Blätter in allen Regenbogenfarben, ein Widerschein der in den herrlichsten Farben prangenden Blüten. Man athmet balsamische Wohlgerüche ein, man sieht ein Farbenspiel, wie es sich die Phantasie nicht schöner träumen kann. Und doch ist das nicht Alles; was die höchste Bewunderung erregt, sind die Formen, die Gestalten der Gegenstände. Die Stämme sind seltsam gewunden, bald mit dichtsitzenden Zacken wie ein Reibeisen, bald mit regelmässig gezackten Flügeln versehen. Die Blätter sind zuweilen riesengross, flimmernd und lederartig, auf der Aussenseite dunkelgrün, auf der Rückseite gelb, braun oder roth.

Ich ging wie trunken in dieser Wildnis der Schönheit herum und verschlang mit äusseren und inneren Sinnen das Wunderbare, das sich mir bei jedem Schritte in immer neuer Gestalt darbot und doch — meine Gedanken kehrten unwillkürlich zum Vaterlande zurück. Man vermisst doch das Rauschen und die duftige Frische der Eichen- und Tannenwälder, die Sommerstille der Birkenhaine, die Wiesen und Grasplätze. Zum erstenmal regte sich in meiner Brust ein Gefühl, das grosse Ähnlichkeit mit Heimweh hatte.

Um 2 Uhr erreichten wir die Hacienda Santa Fé, wo wir unsere Zelte aufschlugen.

Wir hatten auf diesem kleinen Marsch verhältnismässig viel Nachzügler, da die Mannschaft durch die lange Seereise das Marschiren verlernt hatte und von der grossen Hitze sehr entkräftet wurde.

Den 8. Jänner um 6 Uhr Morgens setzten wir unseren Marsch fort; wir folgten der Hauptstrasse, die durch den Urwald der Tierra colorado in das Innere des Landes führt. Bei Loma di Piedra begannen wir den Abhang des Plateau's von Anahuac zu ersteigen und langten spät Nachmittag in Sopilote, einem aus wenigen Baracken bestehenden

Orte au. Wir lagerten am Boden und wurden wie gewöhnlich von einer Million Ungeziefer belästigt. Den nächsten Tag marschirten wir nach Ovejas; der Weg, der noch immer durch Urwälder führt, war äusserst beschwerlich. Der Ort zählt etwa hundert Häuser; ehe wir ihn erreichten, mussten wir den Passo di Ovejas überschreiten, eine wichtige militärische Position, welche die Strasse, das Städtchen und die über den Rio del Passo di Ovejas führende steinerne Brücke, die von den Spaniern erbaut wurde, vollkommen beherrscht.

Der Fluss war, der trockenen Jahreszeit wegen, sehr seicht. Wir badeten und unterhielten uns mit der Beobachtung der zahllosen Arten von Fischen, von denen es in dem Wasser wimmelte. Ebenso neu und interessant erschien uns die Vogelwelt; eine Unmasse von Papageien, Pfefferfresser, Kardinalvögel, Wandertauben und Truthühner weckten uns am Morgen aus dem Schlafe und kreischten uns am Abend „gute Nacht" zu.

Den 10. Jänner brachen wir bei Tagesanbruch auf, um nach Rinconada zu marschiren. Der Weg, obwohl eine der Hauptcommunicationen des Landes, befand sich in einem äusserst verwahrlosten Zustand. Nachdem wir zwei und eine halbe Stunde auf dieser famosen Chaussée herumgestolpert, erreichten wir, von der Hitze ganz erschöpft, Puente Nationale. Dieser Ort liegt 78 Meter über dem Meere, in einer Vertiefung am linken Ufer des Antigna-Flusses, ist im östlichen Theil von steilen Felsenwänden eingeschlossen, hat ein mörderisches Klima, ist aber eine der wichtigsten militärischen Positionen des Landes. Über den Fluss wölben sich zwei prachtvolle steinerne Brücken und auf der von dem Antigna und einem kleinen Nebenflusse gebildeten Halbinsel erhebt sich ein steiler, aber starkbewaldeter Gebirgsrücken, auf dessen dem Orte zugekehrten Kuppe sich eine Feldverschanzung befindet; dieselbe wurde zur Zeit der Invasion der Nordamerikaner unter der Präsidentschaft Santa Anna's von den Mexikanern erbaut und vertheidigt. Auch auf den anderen Höhen befinden sich Verschanzungen, aber in weniger gutem Zustande. Der ganze Ort besteht aus etlichen zwanzig Häusern, die, von ihren Bewohnern verlassen, wahren Ruinen glichen. Es standen nur die nackten, rauchgeschwärzten Mauern. Überreste von Speisen, zerschlagenes Geschirr und mehrere Feuerstellen zeigten, dass hier vor Kurzem eine Bande Rast gehalten.

Jeder Schritt, den man in das Innere des Landes macht, gibt die Überzeugung, dass der Bürgerkrieg furchtbar zerstörend gewüthet habe. Jedes Gebirge, jeder Felsblock, jede Spanne Erde, könnte man sagen, hat ihre blutige, traurige Geschichte und könnte von einem Kriege erzählen, der mit unversöhnlichem Hasse, mit wilder Grausamkeit geführt, keine Schonung, kein Erbarmen kannte.

Noch elender als Puente Nationale, präsentirte sich uns Rinconada, wo wir gegen Abend einrückten. Ein paar zerstörte, niedergebrannte Hütten, voll des gräulichsten Ungeziefers, und ein kleines, steinernes Haus mit einem Kaufmannsladen machte den ganzen Ort aus.

Merkwürdigerweise bekam man in diesem Gewölbe, wo das Fleisch der vor drei Tagen getödteten Thiere, der Mais, alter Käse und zum Trocknen aufgehängte Häute einen unbeschreiblichen Geruch verbreiteten, die feinsten Getränke, wie Bordeaux, Sherry cordiale, Cognac, Catalani etc. in einer wirklich ausgezeichneten Qualität.

Der Inhaber dieser Tienda, ein dicker, behäbiger Mestize, bemühte sich dienstfertig, unseren Wünschen entgegenzukommen und sich den Anschein zu geben, als ob er sich durch unsere Ankunft ausserordentlich beglückt und geehrt fühlen würde. Er schimpfte aus vollem Halse über die Dissidenten, versicherte uns seiner grenzenlosen Ergebenheit und stellte seine eigene appetitliche Persönlichkeit, seine schmutzige, aber nicht üble Frau und seine vier, vor Unrath und Ungeziefer starrenden Kinder ganz zu unserer Disposition. Es ist dies eine in Mexiko sehr gebräuchliche Redensart. Ein Blick auf die schlauen Gesichtszüge und die kleinen verschmitzten Augen unseres Wirthes, liess uns nicht einen Augenblick über die Aufrichtigkeit seiner Ergebenheitsphrasen in Zweifel.

So vorzüglich die Getränke waren, ebenso abscheulich war das, was man uns zum Essen vorsetzte. Abgesehen davon, dass die Senhora die von ihr bereiteten Speisen in Holztrögen auftrug, die sie früher mit ihrem Halstuch, was ihr und den Kindern zugleich auch als Hand- und Schnupftuch diente, auswischte, seit Jahr und Tag kein warmes Seifenwasser mehr gesehen haben mag, roch das Fleisch so widerlich, dass uns selbst der peinlichste Hunger nicht bewegen konnte, ein paar Bissen hinabzuwürgen.

Mit leerem Magen mussten wir dann unsere Schlafstellen aufsuchen, d. h. wir warfen uns auf die Erde, indem wir unsere Mäntel als Zudecke benützten und die Glücklichen beneideten, die ihre müden Glieder auf eine Lehmbank strecken konnten, obwohl sie dort ebenso wenig wie wir von dem ekelhaften Ungeziefer verschont wurden. Unsere Körper waren mit Beulen bedeckt, die wir diesen angenehmen Schlafgefährten verdankten.

Der Sonnenaufgang war wieder das Signal zum Weitermarsche, der sich immer mühseliger gestaltete. Die Hitze war enorm und die Mannschaft, schwer bepackt, vermochte sich auf dem steinigen, sonnendurchglühten Wege kaum fortzuschleppen. Nach zurückgelegten zwei Leguas überstiegen wir die Höhe von Vijia und langten um 10 Uhr Vormittags in Plan del Rio an. Es ist das der zweitgrösste Ort auf der

Strasse von Jalapa; er liegt 316 Meter über dem Meere und breitet sich am linken Ufer des Rio del Plan aus. Die Häuser sind leicht aus Holz und Bambus erbaut und mit Stroh gedeckt. Ein Kaufladen und ein nicht allzuschlechtes Gasthaus fehlen auch hier nicht.

Der Rio del Plan hat steile Ufer und ein ausnehmend klares Wasser; er wird von einer festen steinernen Brücke übersetzt.

Auf einer Höhe südlich des Ortes erhebt sich ein altersgrauer Thurm, der früher zur Sicherung der Strasse diente. Inmitten undurchdringlicher Urwälder gelegen, hat Plan del Rio ein äusserst ungesundes Klima, in welchem nur Mosquitos zu gedeihen scheinen. Milliarden dieser Quälgeister erfüllten die Luft und peinigten uns auf unleidliche Art, da ihre Stiche nicht nur sehr schmerzhaft sind, sondern auch bösartige Hautentzündungen verursachen und wir die Mittel noch nicht kannten, den unangenehmen Folgen ihres Stiches vorzubeugen.

Nach einer einstündigen Rast, die wir im unaufhörlichen Kampfe mit diesen lästigen Thieren zubrachten, setzten wir uns wieder in Bewegung und passirten das von zwei bedeutenden Höhen gebildete Defilée, wo im Jahre 1846 der mexikanische Präsident versuchte, die eingedrungenen Nordamerikaner aufzuhalten. Kanonenkugeln und zertrümmerte Geschütze lagen noch jetzt massenhaft herum und zeigten, wie hartnäckig hier gekämpft wurde. Nördlich des Defilées breitet sich zu beiden Seiten der Strasse der Ort Cerro gordo aus; er besteht aus einer guten Tienda und aus Holz erbauten Häusern. Das Klima ist bedeutend gesünder, als in den anderen Ortschaften, die wir bereits passirten.

Den 12. Jänner um 5 Uhr Morgens verliessen wir Cerro gordo; die Strasse, über die wir oft zu klagen Ursache hatten, wurde jetzt zu einem Trümmerhaufen, man lief Gefahr, sich Arme und Beine zu brechen. Nach unendlichen Mühsalen erreichten wir Corral falso und Firma, zwei kleine, zu beiden Seiten der Strasse gelegene Ortschaften. Eine Legua weiter liegt Dos Rios und die Hacienda El Encero. Dazwischen wird der Bodengrund von einer einzigen mächtigen Felsenplatte gebildet und die Strasse erweitert sich auf 500 Schritte.

Ermüdet kamen wir um 3 Uhr Nachmittags in Jalapa an, formirten uns am Hauptplatz und rückten dann in die Caserne St. Jose ein. Es ist ein grosses, viereckiges, ebenerdiges Gebäude mit drei Höfen und Stallungen, aber keinen Brunnen. Überhaupt befand sich das Gebäude in einem beispiellos verwahrlosten Zustand. Fenster und Thüren fehlten entweder gänzlich, oder waren zerbrochen und zerschlagen; von Betten, Tischen, Bänken etc. war keine Spur vorhanden. Unsere armen, ermüdeten

Leute mussten sich erst Strohmatten und Stroh verschaffen, um sich daraus ein Lager für die Nacht zu bereiten.

Dies und vieles Andere, was ich sah und hörte, machte mir nicht den Eindruck, als ob die Mexikaner die heissersehnten Befreier und Friedensbringer in uns begrüssen würden.

Jalapa ist eine sehr hübsche, freundliche Stadt, am Fusse des basaltischen Felsens Maquiltepec, 1325 Meter über den Meeresspiegel gelegen. Humboldt nennt Jalapa ein Paradies und rühmt die Schönheit und Fruchtbarkeit der Umgebung, sowie das gesunde Klima. Hier herrscht ein ewiger Frühling und wehen balsamische Lüfte. Trotzdem keine Canäle existiren, zeichnet sich die Stadt durch grosse Reinlichkeit aus. Sie hat nur eine einzige gerade Strasse, die in den kühleren Abendstunden die Promenadelinie bildet und von uns A-B genannt wurde, eine Bezeichnung, welche die Bewohner beibehielten. Bei keinem Hause fehlt ein zierlicher Hausgarten, in welchem Orangen-, Bananen-, Kaffeebäume und Palmen stehen. Von den umgebenden Höhen geniesst man einen herrlichen Ausblick auf die Stadt selbst und den Pic von Orizaba oder Citlaltepetl mit der vorgelagerten Sierra negra.

Der Pic von Orizaba dient den Seefahrern im mexikanischen Golfe als Landmarke; man erblickt die Spitze des Kegels vom Meere aus in einer Entfernung von 80 Seemeilen.

Die ewige Milde und Klarheit des Himmels scheint nicht ohne Einfluss auf die Gemüthsart der Menschen zu sein. Die Jalapesen lieben die Gesellligkeit und sind liebenswürdig, heiter und gutmüthig. Bis zu unserem Einmarsche war General Don Jose Maria Galvez Commandant der Stadt. Er war einer der schönsten Männer, die ich je gesehen. Ein wahrhaft königlicher Anstand und die gewinnendsten Umgangsformen zeichneten ihn aus. Er lebte sehr einfach, seine grosse Wohnung, die er als Stadtcommandant inne hatte, enthielt nichts als Bett, Tisch, Sessel und Kleiderrechen, aber sein Stall war voll der edelsten Pferde. Mit Kraft und Energie hielt er die feindlichen Guerillabanden von seinem Districte fern und bestrafte jede Ruhestörung, jede Verletzung der Gesetze mit unerbittlicher Strenge. Nach unserem Einmarsche übergab er das Stadtcommando an Major Kodolić und ging nach Orizaba.

Leider musste ich mit der 6. Jäger-Compagnie, welche nach Perote bestimmt war, Jalapa schon am 16. Jänner verlassen. Die mühseligen Märsche begannen für uns von Neuem. Denselben Tag erreichten wir St. Miguel, einen aus 40 Holzhäusern und einer steinernen Kirche bestehenden Ort.

Wir hatten von den Franzosen in Veracruz Zelte erhalten, in denen wir immer zu Zweien lagerten. Da wir uns schon auf einer bedeutenden absoluten Höhe befanden, so waren die Nächte sehr kühl.

Auch überschwemmte ein heftiger Regen unser Lager; wir waren bis auf die Haut durchnässt und ich, der ich mich schon seit mehreren Tagen unwohl fühlte, zitterte im Fieberfrost.

Den nächsten Morgen um 6 Uhr begannen wir die Höhe weiter emporzuklimmen, und langten nach 6½ Stunden in La Hoya an. Da sich die Strasse oberhalb St. Miguel in Serpentinen fortzieht, so hatten wir eine wunderhübsche Aussicht auf das Plateau von Naulinco, auf den schönen Wasserfall bis zum Cerro Magdalena und den Golf von Mexiko. La Hoya hat ein ziemlich rauhes Klima und die Höhen, von denen es auf drei Seiten begrenzt wird, sind mit Nadelholz bewaldet. Zwanzig Häuser und die unvermeidliche, aus Stein erbaute Kirche bilden den Ort. Einige hundert Schritte von dem westlichen Eingange des Ortes entfernt beginnt das berüchtigte *mal pais*, ein mit Lavablöcken bedecktes, gefährliches Defilée, in welchem ein Jahr früher eine französische Abtheilung durch mexikanische Guerilla's total vernichtet wurde. Alles sieht hier kahl, unfreundlich und öde aus. Man sieht auf diesem harten Gestein keinen Grashalm, man hört keinen Vogel, es gibt hier keine Bewegung, kein Leben.

Ich fühlte mich noch immer krank und schleppte mich mühsam bis nach Las Vigas, wo eine kleine mexikanische Garnison stationirt war. Die Officiere empfingen uns mit grosser Freundlichkeit und sorgten kameradschaftlich für unser Unterkommen. Was ich von Las Vigas zu sehen bekam, denn ich war krank und froh, meine müden Glieder auf einem Strohlager ausstrecken zu können, war nicht übel. Es liegt bereits auf dem Plateau von Anahuac, 2480 Meter über dem Meere, in einer sandigen Gegend. Die Häuser sind aus ungebrannten Ziegeln erbaut und recht nett. Die Kirche ist natürlich auch hier aus Stein aufgeführt und reich geschmückt.

Am 18. Jänner setzten wir unseren Marsch fort; er war sehr mühselig. Die Strasse war ohne jeden Unterbau, bald breiter, bald enger und sowie das angrenzende Terrain mit fusshohem Sand bedeckt. Bei jedem Schritte versanken wir bis an die Knöchel in denselben und es kostete Anstrengung, die Füsse wieder herauszubringen. Eine dichte Staubwolke hüllte uns ein und die Luft, die am Morgen ziemlich kühl war, wurde später unerträglich heiss. In Cruz blanca, einer kleinen, 2360 Meter über dem Meeresspiegel gelegenen Ortschaft, hielten wir eine kurze Rast und rückten um 1 Uhr Mittag in Perote ein, wo ich sogleich das mir zugewiesene Quartier aufsuchte und zu Bette ging.

Perote, 2350 Meter über dem Meeresspiegel, liegt auf dem Plateau von Anahuac, am Fusse des 5090 Meter hohen Cofre de Perote oder Neuhamcatepetl, zählt 3—4000 Einwohner und ist der wichtigste Ort auf der Route nach Puebla. Die Häuser sind ebenerdig, aus gebrannten

Ziegeln erbaut, die Strassen rein, gerade und theilweise gepflastert; der Hauptplatz, wo sich auch die Kirche befindet, gut verschanzt. Die Caserne ist ebenfalls ebenerdig, ziemlich praktisch gebaut, aber grässlich vernachlässigt. Eine Viertelstunde nördlich von Perote liegt ein verlassenes und theilweise zerstörtes Fort, das die ganze Ebene beherrscht und zur Zeit der Präsidentschaft Santa Anna's als Kriegsschule benützt wurde.

Um die Mittagszeit machten die mexikanischen Officiere der Garnison dem Hauptmann von Hassinger ihre Aufwartung; wir tranken Wein und versprachen uns gegenseitige treue Kameradschaft.

Am 22. Jänner wurde uns zu Ehren ein Stiergefecht gegeben, dem ich aber gar keinen Geschmack abgewinnen konnte. Es ist ein abscheuliches Schauspiel, dieses Hinopfern der armen wehrlosen Pferde, dieses Bespicken des gehetzten Stieres mit den marternden Banderillas. Es sind dies lange und dünne Schindeln, oben und unten zugespitzt, mit bunten Papierstreifen überklebt, an der unteren Spitze mit einem stählernen Widerhaken versehen. Hat der wüthende Stier bereits einige Pferde getödtet, so tritt der Torero auf, in jeder Hand eine Banderilla, stellt sich dem Stier gegenüber, springt im nämlichen Augenblicke, als sich dieser auf ihn stürzen will, leichtfüssig dicht an ihm vorbei und stösst ihm beide Banderillas gleichzeitig in den Nacken. Der Bulle schüttelt sich und brüllt vor Wuth und Schmerz, dass es uns Neulingen durch Mark und Bein dringt. Der Stier hat bereits vier Banderillas im Nacken, noch zwei — dann pufft's und knallt's: es sind Banderillas mit Feuerwerk gewesen. Das Publicum, voran das zarte Geschlecht, rast vor Entzücken, der Stier vor Wuth. Ausser sich, mit ohrenzerreissendem Gebrülle, rennt er in der Arena umher, prallt an die Schranken, taucht die Hörner in den Leib der getödteten Pferde und zerstampft sie mit den Füssen.

Endlich kommt der letzte Act. Der Matador tritt auf; ein hoher, schlanker Mann, mit dunklen, blitzenden Augen und einem Gesicht wie aus Goldbronze gegossen, gekleidet in eine mit Gold- und Silberstickerei bedeckte Jacke, mit Kniehosen von dunklem Sammt, die blauschwarzen Haare auf dem Scheitel in einem Knoten gebunden. Er grüsst elegant und tritt mit ruhigem Lächeln der zur äussersten Wuth gereizten Bestie entgegen, in der Linken die Manletta tragend, ein an einem Querstabe befestigtes viereckiges Stück scharlachrothen Tuches, in der Rechten den zweischneidigen, dolchförmigen Degen. Eine Weile spielt er mit dem Thiere wie die Katze mit der Maus; er hält ihm die Manletta entgegen, auf welche der Stier sich stürzt, während eine leichte, graziöse Bewegung ihn ausser Bereich der auf ihn gerichteten Hörner bringt. Bald aber stellt sich der Matador dem Stier zum letzten Male gegenüber. Mit dem rechten Fusse ausfallend, den Oberkörper etwas vorgebogen, die Manletta gleich einem Schilde vorhaltend, und in der erhobenen Rechten den Degen mit schief abwärts gekehrter Spitze, so erwartet er den Stier. Dieser stürmt gesenkten Kopfes heran, kaum zwei Schritte trennen die Kämpfer, da stösst der Matador mit sicherem Blick und fester Hand dem Thiere die Spitze des Degens in den Nacken; sie ist zwischen zwei Wirbeln in das Rückenmark gedrungen und der Bulle stürzt, wie vom Blitz getroffen, leblos zur Erde. Schmetternder Trompetentusch und wüthendes Bravo! Nun schleppen drei schellen- und quastengeschmückte Maulthiere den todten Stier unter Halloh und Peitschenknall erst rings um den Circus und dann zur Arena hinaus. Auch die ganz und halb verendeten Pferde, die im ersten Acte auftreten, den ich vor Ekel und Mitleid mit den armen gequälten Thieren gar nicht schildere, werden erst jetzt fortgeschafft, denn es ist Regel, den Anblick der gespiessten Gäule dem Publikum solange zu gönnen, bis der Stier gefallen ist.

Innerhalb drei Stunden wiederholten sich mit geringer Abwechslung die geschilderten Scenen, denen zum Schlusse die Novilla folgte.

Ein junger Stier „Novilla" wird hereingeführt. Er ist gesattelt und hat faustgrosse hölzerne Kugeln auf den Hörnern. Die Arena wird dem Publikum geöffnet und wer Lust und Liebe hat, sich mit dem Stiere zu messen, dem steht die Gelegenheit und eine Capa aus Baumwollstoff zu Gebote. Nun beginnt ein tolles Treiben. Leute aus allen Schichten der Gesellschaft, der Arbeiter in zerfetzter Blouse und der Stutzer mit dem Monocle im Auge und Glacéhandschuhen an den Händen drängen sich in die Arena. Die Capa malerisch um den Arm oder die Schultern drapirt, gehen sie dem Stiere zu Leibe. Er wird geneckt, gestossen, geschlagen, bis es ihm endlich zu viel wird, und er seinerseits die Feinde wüthend anzugreifen beginnt. Der Lärm, das Gelächter, wenn die Helden vor dem wuthschnaubenden Thiere die Flucht ergreifen, ist unbeschreiblich.

Fast vier Stunden dauerte dies Schauspiel. Um nicht unhöflich zu sein, hielten wir aus bis zum Ende. „Aber fragt nur nicht wie?"

Da wir Aussicht hatten, längere Zeit in Perote zu bleiben, so wurde von dem Hauptmanne Hassinger, Lieutenant Manussi und mir ein ganzes Haus gemeinschaftlich gemiethet und, so gut es ging, eingerichtet. Wir führten ein ganz gemüthliches, häusliches Leben und kein Misston störte unser Beisammensein. Es dauerte leider nur kurze Zeit. Am 27. Jänner Abends brachte uns ein Indianerbote, von dem Commandanten der 10 Legua südlich von Perote gelegenen Hacienda della Capilla entsendet, die Nachricht, dass 800 Dissidenten von Oajaca den Ort St. Andres Cholchicomula besetzt haben, um eine Vereinigung mit General Ortega zu bewerkstelligen.

Zwei Tage später trafen Major Kodolić, Hauptmann Bernhard und 40 Reiter des Oberstlieutenants Don Hermenegildo Carillo, unter Commando des Capitäns Nava, in Perote ein, und es wurde noch denselben Abend Kriegsrath gehalten und beschlossen, dass Hauptmann Hassinger mit 100 Mann eine Recognoscirung gegen Tepejahualco unternehme, und dass ich als Besatzung in Perote zurückbleiben sollte. Von diesem Entschlusse wurde der in St. Juan de los Llanos stationirte französische Commandant sofort benachrichtigt. Am 30. Jänner, um 10 Uhr Vormittags, marschirte Hauptmann Hassinger mit 100 Mann ab, und Nachmittags langte Oberlieutenant Alexander Bideskuty mit 18 Mann, als Ergänzung der 6. Compagnie, in Perote an.

Den nächstfolgenden Tag kehrte Major Kodolić mit einer Cavallerie-Escorte von der Recognoscirung zurück und langte Lieutenant Weiss mit 90 Pionnieren hier an.

Am 1. Februar kehrte Hauptmann Hassinger von der Expedition aus Tepejahualco zurück, ohne etwas angetroffen zu haben, als eine Reiterabtheilung von ungefähr 200 Mann, die er aber nur von weitem gesehen.

Am 3. Februar erhielten wir den Befehl, am 5. bei Tagesanbruch zum Abmarsche gestellt zu sein, mit Ausnahme von mir, der bestimmt war, das Stations-Commando in Perote zu übernehmen. Diese Bestimmung schmetterte mich nieder und ich setzte Himmel und Hölle in Bewegung, um von dem Major Kodolić, der in Begleitung des Stabsarztes Kubica am 4. Februar in Perote ankam, die Erlaubnis zu erhalten, mich an dieser ersten Affaire, die gegen Tesnitlan gerichtet war, zu betheiligen.

Tesnitlan, die Hauptstadt der östlichen Sierra del Norte, war für uns ein ausserordentlich wichtiger Punkt und die Eroberung desselben sehr wünschenswerth. Die Franzosen hatten schon früher vergebliche Versuche gemacht und bei der Räumung Zacapoaxtla's erklärt, dieser District sei unfehlbar das Grab jeder europäischen Truppe. Trotzdem erging direct von Seiner Majestät dem Kaiser der Befehl an uns, die Sierra ungesäumt anzugreifen.

Jedenfalls war das Unternehmen ein sehr gewagtes, wenn man in Betracht zieht, dass wir das Terrain noch gar nicht kannten und keine Karten besassen, dass die meisten unserer Leute noch ungeübt im Gebrauche der Waffen, die Geschütze ohne Bespannung waren, die Cavallerie keine Pferde hatte, abgesehen davon, dass sich weder Bekleidung noch Beschuhung und die schwere Bepackung für ein tropisches Klima und mexikanische Communicationen eigneten.

Natürlich war das damals für uns junge thatendurstige Leute ganz nebensächlich und ich bestürmte Major Kodolić mit Bitten und Vorstellungen, bis es mir endlich nach schweren Kämpfen gelang, die Erlaubnis zur Betheiligung an der Expedition zu erhalten.

Die Vorbereitungen wurden von Kodolić mit seltener Umsicht und hohem militärischen Scharfblick getroffen und so geheim gehalten, dass die Wenigsten ahnten, wir stünden am Vorabend eines Kampfes.

Am 5. Februar um ¼5 Uhr Nachmittags verliessen wir Perote und kamen um 8 Uhr Abends nach Cerro Leone, wo wir uns mit der von Jalapa kommenden 2. Jäger-Compagnie vereinigten.

Die Stärke der Expeditions-Truppe betrug:

Die 6. Jäger-Compagnie unter Commando des Hauptmann Julius von Hassinger.

Officiere:

Oberlieutenant von Czajkowski,
Lieutenant Preiss,
Lieutenant von Manussi.

2. Jäger-Compagnie unter Commando des Oberlieutenant Hedemann.

Officiere:

Lieutenant Bideskuty,
Lieutenant Mader,
22 Mann der 1. Pionnier-Compagnie.

80 mexikanische Reiter des Oberstlieutenant Hermenegildo Carillo, unter Commando des Capitän Nava.

70 Indianer unter Führung ihres Capitäns Don Miguel Malgarejo.

Nach einer halbstündigen Rast setzten wir unseren Marsch fort; ich wurde mit einem Zug der 6. Compagnie als Avantgarde beordert und die 70 Indianer mir zugetheilt, die ich als Vor- und Seitenpatrouillen verwendete und den Zug als Gros der Avantgarde behielt. Eine kurze Zeit führte unser Weg durch die Ebene, ohne dass wir eine Quelle, eine Hütte oder nur die Spur eines menschlichen Wesens getroffen hätten. Dem heissen, sonnenglühenden Tage war eine kalte finstere Nacht gefolgt und da in diesen Gegenden der Thau einem mässigen Regen gleicht, so waren unsere Kleider bald ganz durchfeuchtet und das dadurch erzeugte Unbehagen äusserte sich bei Einigen durch einen starken Fieberschauer.

Gegen 1 Uhr Nachts erreichten wir das gewaltige, mit Nadelholz bewaldete Gebirge. Es ist schwer, die Mühseligkeiten dieses nächtlichen Marsches zu beschreiben. Wir stolperten über umgehauene Baumstämme, fielen in fusstiefe Löcher und rannten gegen Bäume und Felsen an. Wenn überhaupt ein Weg durch diese Wildnis führte, so sahen wir ihn nicht, da die Finsternis dieser Nacht derjenigen in einem festverschlossenen Raume glich. Zuweilen sahen wir Feuer, welches von durchziehenden Maulthiertreibern angelegt, immer unterhalten wird, um sich in den kühlen Nächten daran zu wärmen. Diese Feuerstellen verleiteten uns zu grossen Umwegen, da wir sie aufsuchen mussten, um uns die Überzeugung zu verschaffen, dass nichts Verdächtiges auf unserem Wege sei. Wir fanden sie aber immer leer, trotzdem wagten wir, aus Besorgnis uns zu verrathen, nicht zu sprechen und mussten uns in einem Lande, das unser Fuss zum erstenmale betrat, auf Treu' und Glauben den uns gänzlich unbekannten indianischen Führern überlassen. Nach stundenlangem Umherirren in diesen wilden Wäldern tagte endlich der Morgen, wir hatten den Abhang des Gebirges erreicht und das Thal von Tesnitlan lag, in einem Nebelmeere gehüllt, vor unsern Blicken.

Während wir von Malgarejo geführt, so rasch es unsere Ermüdung erlaubte, einen steilen Fusssteig hinabstiegen, sahen wir unten auf der Strasse einen Karren gegen die Stadt fahren. Dass auch wir von den Insassen bemerkt wurden, unterlag keinem Zweifel, denn laute Zurufe und Peitschenhiebe trieben die Gäule zu rasender Eile an. Der grossen Entfernung wegen konnte unserseits nicht einmal der Versuch gemacht werden, das Gefährte aufzuhalten. Wir mussten nun darauf gefasst sein, dass sich die Nachricht von unserer Ankunft mit Blitzesschnelle in der Stadt verbreiten und der Feind Alles aufbieten werde, um uns einen würdigen Empfang zu bereiten.

Jetzt galt rasches Handeln. Major Kodolić entsendete den Oberlieutenant Hedemann mit einer halben Compagnie auf directem Weg in die Stadt, während er selbst mit der 6. und halben 2. nebst den Indianern die Marschrichtung östlich nahm, um einen Flankenangriff zu machen und die Rückzugslinie des Feindes zu bedrohen.

Während sich nun Hedemann mit seiner Abtheilung der Strasse zuwandte, stiegen wir den gefährlichen Felsenweg weiter abwärts. Unmittelbar vor der Stadt zieht sich eine 80 Fuss tiefe Baranka hin, deren Sohle von einem Bache bewässert wird, und die wir erklimmen mussten, um in die Stadt zu gelangen.

Plötzlich sahen wir am Rande der Baranka eine feindliche Abtheilung in lebhafter Bewegung; in ihren Reihen konnte man die seltsamsten Trachten sehen. Uniformirte Soldaten, Gestalten in rothen Hemden, den Sombrero auf dem Kopfe, Civilisten mit dem Revolver in der Hand. In der Stadt wurde die Sturmglocke geläutet, Alarmsignale ertönten, Reiter sprengten nach allen Richtungen und die Einwohner rannten besinnungslos von einer Stelle zur andern — aus einer Gasse in die andere. Schrecken und Entsetzen sprach aus jeder Bewegung.

Unter einem lebhaften feindlichen Feuer, das wir zu erwidern nicht die Zeit hatten, setzten wir langsam, aber in voller Ordnung, ohne viel Notiz vom Feinde zu nehmen, unseren Weg fort.

Auf sein Geschrei: „Viva la libertat!" antwortete unsere Mannschaft: „Eviva el Imperio!"

In der Tiefe der Baranka angelangt, sahen wir keinen Weg, um emporzuklimmen.

Major Kodolić, im ersten Moment betroffen, fragte mich: „Aber jetzt wohin?" — „Wir müssen hinauf," war meine Antwort und ohne einen weiteren Befehl abzuwarten, begann ich mit meinen Leuten die steile Höhe emporzusteigen. Auf der halben Höhe sprangen plötzlich zwei Männer aus einem Verstecke und feuerten in einer Entfernung von acht Schritten ihre Gewehre auf mich ab, ohne jedoch zu treffen. Als wir den jenseitigen Rand der Baranka erstiegen, hielten wir einen Moment inne, um uns zu sammeln, dann drangen wir neuerdings vor, unter dem lebhaften Feuer des Feindes, das schwere Opfer forderte.

Am Eingange der Stadt sammelten wir uns in einem in Bau befindlichen Hause. Wir Alle waren sehr erschöpft, doch kaum waren wir gegen 100 Mann beisammen, so drangen wir unaufhaltsam in die Stadt. Da dieselbe sehr regelmässig erbaut ist, so hatten wir an den Kreuzungspunkten viel zu leiden.

Ein wüthender Strassenkampf, ein förmliches Ringen, Mann gegen Mann, entspann sich nach allen Richtungen. Der Feind vertheidigte jede Spanne Erde mit fanatischer Wuth. Von allen Dächern, aus allen Fenstern und Kellerlöchern wurde auf uns geschossen; kreischende Weiber- und Kinderstimmen, die wilden Rufe der Herausforderung, das Knallen der Gewehre, das Wiehern und Schnauben scheugewordener Pferde, die durch die Strassen galoppirten, Wuth- und Schmerzensgeschrei erfüllten die Lüfte.

Schritt für Schritt drangen wir vorwärts; da sank plötzlich von einer Kugel mitten in's Herz getroffen unser tapfere Hauptmann Julius Hassinger in die Arme des neben ihn kämpfenden Lieutenants Karl Manussi.

Es war ein erschütternder Augenblick, das Vorwärtsdringen der Colonne stockte, Alles sammelte sich um die Leiche, über die sich Manussi, der seinen theuersten Freund verloren, einen Moment völlig fassungslos vor Schmerz beugte. Da kam mir zuerst die Besinnung wieder und mit dem Rufe: „Vorwärts! Rache für unseren Hauptmann," riss ich die Andern mit mir fort. Mit gefällten Bajonnetten und lauten Hurrahrufen stürzten wir uns auf den Feind, der diesem wüthenden Anprall nicht Stand zu halten vermochte und zu weichen begann.

Bei dieser Gelegenheit sah ich zwei feindliche Reiter getroffen von den Pferden stürzen. Im nächsten Augenblick hatten ihre Kameraden im vollen Jagen den Lasso um sie geschlungen und schleiften sie mit sich fort, um sie weder todt noch lebendig in unseren Händen zu lassen.

Während nun die hinter uns marschirende Abtheilung mit dem verwundeten Kodolić in gerader Richtung auf den Hauptplatz vorrückte, wendeten wir uns in eine Seitengasse, um dem Gegner den Rückzug abzuschneiden. Nach einer hartnäckigen Gegenwehr desselben waren wir um 11 Uhr Vormittags Herren der Stadt.

Lieutenant Manussi, der bei unserem Vordringen zurückgeblieben war, in der Hoffnung, doch noch eine Spur des Lebens bei seinem gefallenen Freunde zu finden — erzählte mir, dass, nachdem er denselben endlich aus seinen Armen zur Erde gleiten liess, aus einem Hause zwei junge schöne Mädchen stürzten und die Leiche, mitten im Kugelregen, halb tragend, halb schleppend aus dem Gewühle zogen und in dem Hause in Sicherheit brachten. Diese zwei tapferen Mädchen waren die Töchter eines hier angesiedelten Italieners Namens Busetti.

Manussi und ich begaben uns dann auf den Hauptplatz, wo eben auch Oberlieutenant Hedemann eintraf, der so glücklich war, ohne Verlust — denn der Feind richtete seine ganze Stärke gegen uns — in die Stadt zu dringen, 30 Gefangene zu machen und 60 Pferde und Maulthiere zu erbeuten.

Major Kodolić, der einen Schuss durch die Wade erhalten, lag im Bette; er ertheilte uns den Befehl, alle Truppen auf den Hauptplatz zu concentriren und denselben zur Vertheidigung herzurichten.

Die Verwüstung in der Stadt war gross, besonders das Präfecturgebäude bot ein Bild der Zerstörung. Wir griffen, sobald wir uns etwas ausgeruht und mit Speise und Trank gestärkt hatten, sogleich zur Schaufel und zum Krampen. Bald erhoben sich an den Einmündungen der Strassen auf den Platz Barricaden, die zwar ziemlich primitiv ausfielen, aber doch im Falle eines Angriffes von grossem Nutzen sein konnten.

Um 1 Uhr Nachmittags hörten wir mehrere Schüsse fallen und erwarteten den Feind; statt dessen rückte Oberlieutenant Karl Gruber und Lieutenant Pekeć mit zwei Zügen am Hauptplatz ein. Die beiden Herren kamen ohne Befehl und Zurücklassung einer halben Compagnie aus Tlacolulan, gerade zur rechten Zeit, um unsere Bagage, die vom Feinde angegriffen wurde, zu retten.

Wir empfingen die braven Kameraden mit stürmischen Hurrahrufen, die uns ihrerseits zu dem ersten Erfolge auf fremdem Boden, der uns mit Stolz und Freude erfüllte, beglückwünschten.

Unsere Verluste betrugen: 7 Todte, 15 Schwerverwundete, 15 Leichtverwundete. 1 Vermissten.

Das grösste, einem gewissen Herrn Avila gehörende Haus am Platze, wurde zur Aufnahme der Verwundeten bestimmt und dieselben so gut als nur möglich verpflegt.

Am nächsten Tage um 11 Uhr Vormittags bestatteten wir unsere Todten. Da der Campo santo zu entlegen war, so wurden sie neben der Hauptkirche beerdigt. Diese Feier, bei der ich den Conduct commandirte, war still, aber tief ergreifend.

Da wir zu schwach waren, um die ausgebreitete, 7000 Einwohner zählende Stadt zu vertheidigen, mussten wir uns auf die Besetzung des Centrums beschränken. Unser Augenmerk richteten wir besonders auf die Hauptkirche, die, in der Mitte des ziemlich grossen Platzes stehend, statt des Daches eine cementirte Plattform hat und mit Parapetmauern versehen, sich vortrefflich zur Vertheidigung eignete, während der neben der Kirche freistehende Thurm nöthigenfalls als Warte dienen konnte.

Bis zum 10. Februar ereignete sich nichts von Bedeutung, doch um 7 Uhr Früh des genannten Tages hörten wir die von uns ausgesandten Patrouillen feuern und im nächsten Augenblicke stand Alles unter Waffen. Der Feind griff uns von allen Seiten an, besonders aber von Norden und Süden.

Da die nach Perote führende Strasse die Stadt in gerader Richtung durchzieht und der südliche Theil derselben den nördlichen dominirt, so geriethen die Leute, welche die Schanzen auf der Südseite vertheidigten, in ein doppeltes Feuer, da wir aus Mangel an Zeit noch keine Rückenwehren errichtet hatten.

Eine Zeitlang hielten die armen Teufel wacker Stand, als die Gefahr aber immer toller wurde, verloren sie die Courage und waren nicht länger zu bewegen, die gefahrvolle, sicheren Tod in Aussicht stellende Position länger zu behaupten.

In diesem gefährlichen Moment änderte mit einem Schlage ein tollkühner Einfall des Lieutenants Manussi die Situation. Die Mütze schief auf's linke Ohr gesetzt, die Hände in den Hosentaschen, ging er im grössten Kugelregen vor den Schanzen auf und ab, mit lauter Stimme das Wiener Volkslied: „Ach, Ach, Herr Jegerle" singend. Die Leute, die bereits die Schanzen verlassen hatten, blieben im ersten Augenblick starr vor Ueberraschung, dann aber brachen sie in laute Bravo- und Hurrahrufe aus und kehrten, von neuem Muthe und freudiger Zuversicht beseelt, in ihre Stellung zurück.

Die Bewegung, der laute Jubel, die stürmischen Hurrahrufe aber täuschten den Feind dermassen, dass er einen allgemeinen Angriff, dem er sich nicht gewachsen fühlte, erwartend, in Verwirrung gerieth. Wir benützten dieselbe mit dem besten Erfolge, entrissen ihm seine wichtigsten Positionen und zwangen ihn zum Rückzuge nach Zacapoaxtla und Mecapalco.

Er soll 800 Mann stark gewesen sein und stand unter dem Commando des Generals Ortega.

Sonntag den 12. Februar hatten wir Kirchenparade; die Kirche ist recht gut gebaut und sehr hübsch ausgestattet. Im Innern befinden sich keine Bänke, die Leute knien oder hocken auf den Fersen und Jeder hat eine brennende Kerze vor sich stehen, die in eigens dazu in den Boden eingelassenen Löchern angebracht ist.

Diese auf den Fersen hockende, mit falscher Stimme Kirchenlieder heulende und mit wilder Energie die Brust mit den Fäusten schlagende Gesellschaft gewährte ein mehr erheiterndes als erbauliches Bild. Besonders erregte unsere Aufmerksamkeit ein junges Indianerweib, das auf dem Rücken einen Gegenstand trug, der sich unaufhörlich bewegte und uns zu den abenteuerlichsten Muthmassungen Anlass gab, bis sich endlich das Räthsel durch das Hervorstrecken von zwei winzigen Händchen löste.

Tesuitlan erhebt sich in einem wellenförmigen Terrain und ist eine hübsche reine Stadt, sehr regelmässig gebaut, mit geraden, gutgepflasterten Strassen, gutem Trinkwasser und sehr gesunder Lage. Die Umgebung ist schön, das Klima so mild, dass die glücklichen Bewohner durch eine dreimalige Ernte gesegnet werden.

Auf einer Reitpartie, die ich mit dem Oberstlieutenant Carillo machte, erregten die zu beiden Seiten der Stadt, von Norden nach Süden, sich hinziehenden Barankas mein lebhaftes Interesse. Sie sind so tief und haben so steile Wände, dass man sie für Hervorbringungen vulkanischer Kräfte halten könnte. Mein Begleiter sagte mir jedoch, dass es die Kraft des Wassers gewesen wäre, welches sich im Laufe der Jahrtausende diese riesigen Rinnen gebildet habe.

Schon der Umstand, dass sie alle in senkrechter Richtung vom Gebirge zum Meere gehen, beweist dies.

Man muss die Gewalt tropischer Regengüsse kennen und gesehen haben, wie tiefe Löcher sie in den Boden reisst und dann in wenigen Monaten zu Ravins ausweitet, um dieser Annahme Glauben zu schenken.

Die Gegend ist sehr gut angebaut, besonders wird viel Mais gepflanzt. Diese Maispflanzungen bieten einen sehr freundlichen Anblick. Während sich der junge Mais im frischesten saftigsten Hellgrün darstellt, erscheint der ganze Boden dunkelgrün, von einem kriechenden dichtblätterigen Kraut, welches viel vergissmeinnichtblaue Blüten trägt.

Carillo machte mich auf alle Sehenswürdigkeiten aufmerksam und zeigte sich als ein sehr gebildeter und geistreicher Mann, mit dem ich in der Folge sehr intim wurde. Er führte mich in mehrere Häuser der angesehensten Familien der Stadt ein, unter welchen mich besonders die Familie Imenes anzog, die einen starken Magnet in der schönen liebenswürdigen Tochter Marianna besass.

Am 15. Februar ritt ich auf Patrouille nach Jalacingo und besuchte bei dieser Gelegenheit Don Miguel Malgarejo, der mit seinen Indianern den Ort besetzt hielt, welcher aus einer Kirche und 50 Häusern bestand. Hier befinden sich mehrere Cigarrenfabriken, wo wirklich ausgezeichnete Sorten bereitet werden, mit denen ich mich wohl versorgte.

Malgarejo empfing mich mit der grössten Artigkeit und lud mich zum Frühstück ein. Ich musste den angeborenen Tact, die feinen Umgangsformen, die ruhige Würde und den scharfen Verstand dieses Vollblut-Indianers bewundern.

Er war nichts weniger als schön, seine Gestalt klein und schmächtig, sein Gesicht war tief gebräunt, aber seine grossen schwarzen Augen sprühten vor Geist und Feuer, seine Bewegungen waren lebhaft, doch nicht ohne Adel. Im Ganzen genommen machte er einen fremdartigen, aber nicht unangenehmen Eindruck.

Die Bevölkerung von Jalacingo war gut kaiserlich gesinnt und als wir wieder einmal dahin ritten, nämlich Carillo, Hedemann und ich — wurden wir festlich empfangen und von dem Alcalden zum Diner geladen. Wir fanden eine sehr reichbesetzte Tafel und vortreffliche Weine.

Am 16. Februar marschirte Hauptmann Hobza mit 3 Zügen der 5. und 3 Zügen der 2. Compagnie gegen Zacapoaxtla, um vereint mit einer französischen Abtheilung, unter Commando des Capitäns Chevalier, den erwähnten Ort anzugreifen. Gleichzeitig brachte uns ein Indianerbote die Nachricht, dass Oaxaca von den Franzosen eingenommen wurde.

Im letzten Drittel Februar langte vom Corpscommando der Befehl an, dass die 2. Compagnie nach Jalapa, die 6. nach Perote abzugehen und die 5. Compagnie als Besatzung in Tesuitlan zu verbleiben habe.

Am 23. Februar waren wir am Marsch nach unserem neuen Bestimmungsort, der sich in dem wilden zerklüfteten Gebirge recht mühselig gestaltete. Irrthümlicher Weise schlug unsere Bagage eine andere Richtung ein.

In der Besorgnis dieselbe zu verlieren, ritten Manussi und ich zurück um sie zu suchen. Wir verirrten uns aber im Gebirge und als wir nach stundenlangen Kreuz- und Querritten, erschöpft und hungrig bei unserer Abtheilung anlangten, hatten wir die Genugthuung zu erfahren, dass unsere Maulthiere längst angekommen seien und wir uns die Mühseligkeiten und die Gefahr vom Feinde abgefangen zu werden, hätten ersparen können.

Um 7 Uhr Abends kamen wir in Perote an und wurden von unsern dort stationirten Kameraden festlich empfangen und bewirthet.

Am Eingange des Ortes und bei der Kaserne waren sogar zierliche Triumphpforten errichtet, die passende Inschriften trugen.

Am 27. Februar wurden die Ausgezeichneten unserer Truppe für ihr Verhalten bei Tesuitlan decorirt; Lieutenant Manussi und ich wurden nur belobt. Auf das hin kam der decorirte Theil der Mannschaft der 6. Compagnie zu uns und fragte, was da zu machen sei, da sie ihre Medaillen nicht tragen wollten, wenn nicht auch wir decorirt würden; ihrer Meinung nach hätten wir eine solche Auszeichnung wohl verdient.

Diese That und die Anerkennung aller Kameraden, ja selbst des tapferen Commandanten Oberstlieutenant Kodolić, der es in einem eigenhändigen Schreiben an mich unbegreiflich fand, dass man uns übergangen, war wohl der schönste Lohn, den wir uns wünschen konnten.

Nachträglich hörten wir, dass Marschall Bazaine mit dem direct vom Kaiser an Kodolić ergangenen Befehl, mit den kaum gelandeten österreichischen Truppen die Sierra del Norte anzugreifen, nicht einverstanden gewesen sei und dem Befehle eine Gegenordre folgte, die aber zu spät angekommen sein soll.

Weder vor, noch nach diesem Zeitpunkte hatte es sich ereignet, dass ein directer Befehl von Seiner Majestät, die sich nach der Convention von Miramare verpflichtet hatte, dem Marschall in operativer Beziehung volle Freiheit zu lassen — ergangen wäre.

„Corps-Befehl ddto. Mexiko 6. Februar 1865."

„Um die möglichst erspriesslichsten Dienste von Meiner freiwilligen Truppe durch ihre Mitwirkung zur Pacificirung Meines Reiches zu erlangen, halte Ich es für gut, dass Marschall Bazaine das operative-militärische Obercommando führe und unter ihm General Graf Thun das vereinte österreichisch-belgische Corps commandire.

„Die Brigade Graf Thun wird demnach aus 5 Infanterie-Bataillonen, 2 Regimentern Cavallerie, den Pionnieren, Artillerie und technischen Truppen des österreichischen Corps bestehen.

„Das 1. Bataillon wird den Namen Meines Bruders, des Kaisers Franz Joseph, führen; das 1. belgische den der Kaiserin; das 2. den des Königs Leopold von Belgien und das Hussaren-Regiment Meinen Namen.

„Die übrigen bleiben vorderhand vacat.

Maximilian."

Die erste Hälfte des Monates März verlief verhältnismässig ruhig, doch waren wir täglich auf einen feindlichen Angriff gefasst und der Revolver kam nicht aus unseren Händen, was uns übrigens nicht hinderte, mit den Bewohnern der Stadt auf dem möglichst besten Fuss zu stehen.

Oberstlieutenant Carillo führte mich in das gastfreie Haus Busetti; Herr Busetti war Italiener, mit einer Mexikanerin verheiratet und Vater von zwei sehr hübschen Töchtern, wovon die jüngere, Estrella, eine wunderschöne und sehr gut geschulte Stimme besass.

Später lernte ich noch andere Familien kennen und hatte Gelegenheit, mir über den Charakter und die häuslichen Tugenden der Mexikanerinnen ein recht günstiges Urtheil zu bilden. Weit entfernt, gleich vielen unserer jungen Damen von „des Gedankens Blässe" angekränkelt zu sein, sind sie im Umgange voll heiterer Grazie und einer fast kindlichen Unbefangenheit.

Sie sind durchschnittlich klein und zierlich gebaut, ihr Gang ist leicht und anmuthig. Die Füsse und Hände sind so klein und schön geformt, dass man sie nicht genug bewundern kann. Sie haben eine Gesichtsfarbe, die dem eintönigen Weiss des Wachses gleicht, schönes schwarzes Haar, das sie mit einem Kamme hoch aufstecken, grosse, schwarze, schmachtende Augen, denen die sehr langen dunklen Wimpern einen eigenthümlichen Reiz verleihen.

Eine Mexikanerin geht täglich in die Kirche; sie trägt zu diesem Gange stets ein Kleid von schwarzer Seide, Kopf und Schultern mit der Mantilla verhüllt. Hausfrauen in unserem Sinne sind sie nicht; eine zahlreiche Dienerschaft, meist Schwarze, stehen zu ihrer Verfügung. Sie werden gut und freundlich behandelt, aber dabei doch so wenig als gleichberechtigte, gleichfühlende Wesen angesehen, dass sich die keuscheste, zurückhaltendste Dame, ohne Scheu im Bade von männlichen Dienern die intimsten Dienste leisten lässt und sehr erstaunt wäre, wenn man darüber sein Befremden äussern würde.

Die Damen Mexikos geniessen vollkommene Freiheit und es wird ihnen mit der rücksichtsvollsten Aufmerksamkeit und Ehrerbietung begegnet. Ihre Liebeshändel treiben sie unter dem Mantel der tiefsten Heimlichkeit, ein Lächeln, eine Augenbewegung genügt als Verständigung und der Fächer, den sie nie aus der Hand geben, dient ihnen vortrefflich als Mittel, ihre Gedanken auszudrücken. Hat man sich an ihre Sitten und Gebräuche gewöhnt, ohne darüber zu spotten, wie es die Franzosen thaten, so wird man in vielen Häusern ein freundliches Entgegenkommen und eine ungezwungene, muntere Unterhaltung finden.

Wir fingen an, uns bereits ganz heimlich zu fühlen, als wir am 11. März durch eine recht unangenehme Nachricht überrascht wurden.

Lieutenant Pekeé, der, um die Verbindung zwischen Zacapoaxtla und Tesuitlan aufrecht zu erhalten, mit 68 Mann in dem in der Mitte der beiden genannten Orte liegenden Tlatlauquiltepetl stand, verliess gegen den ausdrücklichen Befehl seinen Posten, überfiel Xachapulco, den Hauptort der wilden kriegerischen Quatecomacen und wurde mit seiner ganzen Mannschaft theils niedergemacht, theils gefangen.

Das war die erste Schlappe, die wir erlitten; sie machte auf uns Alle den peinlichsten Eindruck, umsomehr, da wir sie dem Ungehorsam und dem Ehrgeiz eines Einzelnen, der sich um jeden Preis auszeichnen wollte, verdankten. Zwei Mexikaner von der Abtheilung Pekeć's, die Einzigen, die entkommen waren, berichteten folgende Details:

Der Feind war von dem Anrücken der kleinen Colonne genau unterrichtet und liess sie ungehindert in seine Berge ein. Ohne seine Anwesenheit zu verrathen, umstellte er sie von allen Seiten und überfiel die Ahnungslosen plötzlich mit zehnfacher Übermacht. Pekeć und seine Leute kämpften wie die Löwen, erlagen aber endlich der Übermacht. Ersterer und 6 Mann fielen verwundet in die Hände der Feinde, die Übrigen wurden niedergemacht.

Hauptmann Hoch unternahm einen Kriegszug in das Land der Quatecomacen, um den gefangenen Pekeć zu befreien, doch blieb dieses Unternehmen ganz resultatlos.

Dieses wilde, kriegerische Volk, unter der Führung Juan Franciscos, dem selbst seine Feinde Muth, eiserne Energie und Hochherzigkeit nicht absprechen konnten, war ein gefährlicherer Gegner, als die republikanischen Truppen, die, aus gepressten Elementen bestehend, ohne jede Begeisterung eine Sache vertheidigten, für die sie nicht das mindeste Verständnis hatten. Sie gingen in den Kampf, weil sie mussten und von rücksichtsloser Strenge zusammengehalten wurden; aber einige unglückliche Gefechte genügten, um sie zur vollkommenen Auflösung zu bringen. Die Quatecomacen aber bildeten ein einiges Volk, dessen höchstes Gut die Freiheit war. Jeder Einzelne wusste, um was es sich handelte, dass er seine Existenz, seinen häuslichen Herd vertheidigte, und war entschlossen, sein Recht bis zum letzten Blutstropfen zu behaupten.

Anfangs wurde dieser gefährliche Gegner von uns unterschätzt, und mit schweren Opfern mussten wir uns die Erkenntnis verschaffen, dass unsere wohldurchdachte Kriegskunst, diesem Feinde gegenüber, nicht anzuwenden sei.

Bekannt mit allen Schlupfwinkeln des Terrains, abgehärtet gegen alle klimatischen Einflüsse, schlau und grausam wie der Panther, schnell wie der Blitz, wurden alle unsere Bewegungen unausgesetzt von ihm beobachtet, er war uns immer nahe, ohne dass wir eine Ahnung seiner Allgegenwart hatten.

General Thun unternahm in der Folge eine Expedition gegen Juan Francisco, die insoferne von Erfolg war, als es zu einer Auswechslung der beiderseitigen Gefangenen kam und Pekeć zu uns zurückkehrte. Er wurde in der Gefangenschaft, nachdem er sein Ehrenwort gegeben, keinen Fluchtversuch zu unternehmen, sehr gut verpflegt und mit der Rücksicht und Aufmerksamkeit behandelt, die man einem werthen

Gast erweist. Er konnte sich vollkommen frei bewegen, hielt sich aber meistens in der Nähe Juan Franciscos auf, dessen Persönlichkeit ihn sehr anzog. Er konnte nicht genug von dem scharfen Verstande, dem persönlichen Muthe und der Ritterlichkeit dieses Indianers erzählen, der die gleichen Eigenschaften in Pekeć entdeckte und auch seinerseits eine grosse Vorliebe für seinen Kriegsgefangenen fasste.

Pekeć war unstreitig einer unserer tüchtigsten, schneidigsten Officiere, der sich nur von seinem Muthe, seinem Ehrgeiz und seiner Jugend oft zu weit fortreissen liess; auch jetzt sollte er seines leichtsinnigen Vorgehens wegen, das so vielen Menschen das Leben gekostet, zur Verantwortung gezogen werden, doch legte Juan Francisco ein warmes Wort für ihn ein, er soll sogar seine Auslieferung für den Fall, als ihm eine härtere Strafe drohen würde, verweigert haben.

Den 21. März kam der Befehl vom Corpscommando, dass die 2. Compagnie unter Oberlieutenant Hedeman nach Yucatan, die 6. nach Jalapa abzugehen habe.

Am nächsten Morgen um 8 Uhr befand ich mich mit meinen Leuten auf dem Marsche nach Jalapa. Das Wetter war abscheulich, die Wege von dem starken Regen aufgeweicht, völlig grundlos und die Gegend von La Hoya, schon an und für sich trostlos, übte jetzt eine geradezu niederdrückende Wirkung auf uns aus. Besonders die armen Verwundeten hatten viel zu leiden, obwohl wir uns Mühe gaben, ihnen die Reise so wenig als möglich beschwerlich zu machen.

Unter strömendem Regen, bis zur Halsbinde mit Koth bedeckt und nass bis auf die Haut, rückten wir am 24. März Abends in Jalapa ein, wo uns von den Officieren der dortigen Garnison ein freundlicher Empfang bereitet wurde, an welchem sich besonders Regimentsarzt Dr. Hofmann betheiligte.

Hofmann war ein hübscher, sympathischer Mann, heiter und angenehm im Umgange, wusste er die Zuneigung der Kameraden, sowie die der Damen zu gewinnen. Seine ungewöhnlichen ärztlichen Kenntnisse verschafften ihm Zutritt in die angesehensten Häuser der Stadt. Seine Hauptleidenschaft war das Spiel; man konnte nichts erzählen, keine Behauptung aufstellen, ohne ihm Gelegenheit zu einer Wette zu geben; nicht bei ihm vorübergehen, ohne dass er Einem die Hände mit den Worten: „G'rad oder ung'rad?" entgegenstreckte, und da er das Geld immer lose in der Tasche trug und nie ansah, was ihm in die Hand gerieth, so konnte die Begegnung mit Dr. Hofmann unter Umständen recht kostspielig ausfallen.

Durch seine Intervention wurde ich zu einem Hausballe bei der Familie Reyes Carassa geladen. Die Tochter des Hauses, Donna Luzesitta, war ein bildschönes, feuriges Mädchen, und liess sich von Hofmann stark den Hof machen, was ganz gegen die Anstandsregeln der Mexikanerinnen ist, die ihre Liebeshändel gerne in tiefes Geheimnis hüllen und äusserlich sehr kühl und zurückhaltend erscheinen.

Der rege und zwanglose Verkehr, die heitere Conversation zwischen Herren und Damen, wie wir es gewöhnt sind, hat sich hier noch nicht ganz eingebürgert, aber einem scharfen Beobachter wird nicht entgehen, dass es deshalb durchaus nicht an einem gegenseitigen Verständnis mangelt. Die dunklen Augen, die mit den Edelsteinen um die Wette funkeln und blitzen, das kaum bemerkbare kokette Lächeln der rothen Lippen und die leichten Fächerbewegungen, deren jede für den Eingeweihten Sinn und Bedeutung hat, redet eine Sprache, die sehr gut Gewährung oder Verweigerung auszudrücken weiss und bei welcher man sich ganz vorzüglich unterhält und versteht. Leider herrschte in der Kleidung die französische Mode vor, u. zw. nicht mit dem besten Geschmack. Immense Krinolinen verunstalteten die zierlichen Gestalten der meisten Damen, die mit Bändern, Spitzen, Falbeln u. s. w. in den grellsten Farben aufgetakelt erschienen. Umso vortheilhafter zeigten sich diejenigen, die der Tyrannin Mode zum Trotze das spanische Costume beibehielten, welches in einem bis zu den feinen Knöcheln reichenden Rocke von heller, häufig rother Seide, der die wunderhübschen Füsse in seidenen Strümpfen und tief ausgeschnittenen Schuhen sehen lässt, einer Blouse von dem feinsten weissen Mousselin und einem kurzen, goldgestickten, vorn offenen Jäckchen bestand. Das schwarze, hochaufgesteckte Haar ward von einigen Blumen geschmückt, die mit Vorliebe hochroth oder gelb gewählt wurden. Die Hände deckten durchbrochene, lange Halbhandschuhe von schwarzer Seide. — Die Herren erschienen alle französisch und höchst elegant gekleidet.

Unter den Damen von Jalapa fielen mir die vielen Blondinen auf, die mit dem reichen Goldhaar, den schmachtenden blauen Augen und zarten, rosigen Gesichtchen Modelle zu einem deutschen Gretchen liefern konnten.

Ich äusserte mein Befremden über diese Erscheinung gegen Oberstlieutenant Carillo, der mit verschmitztem Lächeln erwiderte: „Das rührt von der Invasion der Nordamerikaner her, mein Freund!"

Den 7. Mai veranstalteten wir Officiere ein Bestschiessen für die Mannschaft; ein reizendes Thal, in der Nähe der Stadt, von einem schönen Ahornwald begrenzt und von einem silberhellen Bach durchzogen, wurde zum Schiessplatz gewählt und recht hübsch decorirt.

Wir spendeten für die Schützen sehr nette Geschenke und sorgten reichlich für Speise und Trank. Die Notabilitäten von Jalapa, die wir zu diesem Feste geladen, waren zahlreich erschienen und betheiligten sich lebhaft und zwanglos an der Unterhaltung, die in der animirtesten Stimmung verlief.

17. Mai. Ich erhielt den Befehl, bei der Familie des ehemaligen Präsidenten von Mexiko, General Santa Anna, eine Hausdurchsuchung zu halten.

Ich war über diesen Befehl desparat und wenn es möglich gewesen wäre, hätte ich mich demselben mit tausend Freuden entzogen.

Um 5 Uhr Nachmittags betrat ich die schöne, elegante Wohnung, in der ich ausser einer zahlreichen Dienerschaft drei Damen traf, die bei meinem unerwarteten Eintritt bestürzt und todtenbleich von ihren Sitzen aufsprangen. Es waren die Gemalin und die beiden Töchter Santa Anna's, der in Nordamerika weilte und seine Familie hier zurückliess.

Ich überlasse es Jedem, sich meine peinliche Situation diesen zitternden erschrockenen Frauen gegenüber selbst auszumalen. Ich erschien mir wie ein Verbrecher und bat um Entschuldigung, indem ich bemüht war, sie zu beruhigen und meine Mission so schonend und rücksichtsvoll als möglich zu erfüllen.

Natürlich fand ich nichts Verdächtiges; die Damen fassten Vertrauen zu mir und erzählten unter Thränen, wie sehr sie durch die Trennung von dem Gatten und Vater und durch die Anfeindungen und Verdächtigungen ihrer Mitbürger zu leiden hatten.

Senhora Santa Anna war eine hübsche, stattliche, noch junge Frau, die sich durch eine ungewöhnliche Bildung auszeichnete. Von den beiden Töchtern war die Eine, obwohl erst 17 Jahre zählend, bereits Witwe. Die Jüngere, Donna Petro, ein reizendes anmuthiges Geschöpf, bezauberte mich auf den ersten Blick. Ohne gerade eine Schönheit ersten Ranges zu sein, lag in dem Ausdruck des feinen Gesichtchens so viel Lieblichkeit, so viel Seele, dass man unwillkürlich davon gefesselt wurde, umsomehr, da dieser reine edle Ausdruck, besonders bei den Creolinen, selten oder nie zu finden ist. Beim Abschied reichte mir Frau Santa Anna freundschaftlich die Hand mit der Versicherung, dass ich in ihrem Hause stets ein gerne gesehener Gast sein werde.

Da sicheren Nachrichten zufolge der Kaiser am 25. Mai nach Jalapa kommen sollte, so wurden grossartige Vorbereitungen zu seinem Empfang getroffen. Von allen Dächern wehten riesige Fahnen in den mexikanischen, österreichischen und belgischen Farben, die Häuser waren mit Laub und Blumen geschmückt und mit passenden Inschriften, Wappen, Büsten etc. versehen, die Balcons in schwebende Gärtchen verwandelt und quer über die Strasse zogen sich Blumenguirlanden in leuchtender Farbenpracht. Wunderschön waren die von den Indianern aus Tropengewächsen errichteten Triumph-Pforten; die Armen kamen oft 20 Meilen weit her, um ihren Kaiser zu begrüssen und Blumen und Früchte, das Beste, was sie hatten, als Geschenke darzubringen.

Am 25. Mai um 9 Uhr Früh kam der Kaiser mit seiner Begleitung und wurde mit lautem Jubel begrüsst. Ueberall ertönten Pöllerschüsse, Musik und die unausbleiblichen Raketen nahmen kein Ende. Der Kaiser war zu Pferde und trug die mexikanische Nationaltracht, welche ihn ausserordentlich gut kleidete. Seine sympathische und edle Erscheinung machte auf Alle den besten Eindruck und die Damen liessen aus allen Fenstern und von allen Balconen einen wahren Blumenregen auf das Haupt des Herrschers fallen, der nach allen Seiten freundlich grüsste und von dem enthusiastischen Empfange sichtlich gerührt erschien.

Ich hatte bereits um 7 Uhr Früh die Hofwache bezogen; um 4 Uhr Nachmittags kam General Thun. Er hielt eine kurze kräftige Ansprache und decorirte mich mit dem Ritterkreuze des Guadeloupe-Ordens. Gleichzeitig wurde ich zum Diner beim Kaiser befohlen.

Der Monarch wohnte im Hause eines der angesehensten Bürger von Jalapa und empfing seine Gäste in einem hübschen Salon; mit gewinnender Freundlichkeit sprach er mit Jedem einige Worte und begab sich dann in den Speisesaal, der mit ebensoviel Luxus und Geschmack ausgestattet war, wie der Salon.

Durch einen mir sehr erwünschten Zufall kam ich an den Tisch zu sitzen, an welchem die indianischen Deputationen Platz genommen hatten. Da ich mich ganz unbeachtet glaubte und von dem Kaiser ziemlich entfernt sass, war ich ganz ungenirt und unterhielt mich prächtig.

Die armen Indianer, von der sie umgebenden Pracht geblendet, an den Gebrauch von Messer, Gabel, Teller und Servietten nicht gewöhnt, befanden sich in der grössten Verlegenheit, aber eingedenk ihrer Würde als Deputirte waren sie ängstlich bemüht, sich keine Blösse zu geben. Sie richteten ihr ganzes Augenmerk auf mich und thaten Alles das, was sie mich thun sahen. Und ich that Alles verkehrt; ich ass die Suppe mit der Gabel, theilte das Fleisch mit dem Löffel, nahm vom Braten ein Atom und häufte mir Compot und Salat auf den Teller. Mit der grössten Selbstüberwindung verschluckte ich Mix-Pickle und Senf löffelweise, nahm Zucker für Salz und Salz für Zucker. Ich trank Champagner aus dem Wasserglase und trank Wasser aus dem Champagnerkelch, während ich Bordeaux aus dem Compotteller mit dem Löffel schlürfte. Die Indianer machten mir Alles nach und trugen dabei eine Würde und Gravität zur Schau, die mir fast Lachkrämpfe verursachte.

Endlich hob der Kaiser die Tafel auf, er war sehr heiter und als er in den Salon zurückkehrte, wo er Cercle hielt, blieb er lächelnd vor mir stehen und sagte mit einem wohlwollenden Blick: „Sie haben sich von uns Allen wohl am besten unterhalten, nicht wahr?"

Etwas betroffen, denn ich hatte mir nicht träumen lassen, von dem Kaiser beobachtet zu werden, machte ich statt der Antwort eine tiefe Verbeugung. Dann musste ich noch einige Fragen, die Einnahme von Tesuitlan betreffend, beantworten.

Der Kaiser, der, wie bekannt, mit Leidenschaft den Naturwissenschaften oblag, war auf allen Reisen von dem Professor Bilemek begleitet, der mir von der Wiener-Neustädter Akademie bekannt war, wo er die Naturgeschichte vortrug. Der alte Herr war ein Original. In einen langen, alten Rock gekleidet, kroch er überall herum und versorgte die Ausbeute an Pflanzen und Thieren in seinen ungeheuren Taschen Zu Hause angekommen, wurde nach Herzenslust getrocknet, secirt und ausgestopft. In seiner Wohnung herrschte ein unbeschreiblicher Wirrwarr. Ueberall krabbelte, sprang und ringelte es sich von Schlangen, Eidechsen und Kröten; todte Vögel, Fledermäuse, Ratten und Insecten aller Arten lagen in einem greulichen Durcheinander auf den Tischen und dem Fussboden umher, einen wahrhaft pestialischen Geruch verbreitend. Die Geruchsnerven des Gelehrten wurden aber dadurch nicht im Geringsten belästigt und dieselbe Empfindungslosigkeit setzte er auch bei Andern voraus. So kam er eines Tages in das Hotel Royon, wo wir Alle speisten und nahm an unserem Tische Platz. Nicht lange, so malte sich in allen Gesichtern ein Erstaunen, das sich bald in Entsetzen verwandelte.

Seine nächsten Nachbarn hielten sich die Taschentücher vor die Nase und eine allgemeine Bewegung entstand, während Bilemek mit der unbefangensten Weise der Welt seinen Braten ass und von seinem Streifzuge erzählte, der diesesmal ganz besonders ausgiebig gewesen.

Einer der Herrn rief endlich halb ärgerlich halb belustigt. — Teufel, Professor, was haben Sie denn heute von Ihrer Jagd mitgebracht, man hält es ja in Ihrer, uns sonst so werthen Gesellschaft gar nicht aus?

Ich? Nun ich wüsste wirklich nicht — — bei diesen Worten aber griff der alte Professor doch unwillkürlich in seine grundlosen Taschen und zog zu unserem Entsetzen und zu seinem eigenen, nicht geringen Erstaunen, zwei halbverfaulte Ratten heraus, die er darin vergessen und bereits mehrere Tage mit sich herumgeschleppt hatte, ohne es zu wissen. Sprachlos sass er da, in jeder Hand eine Ratte, während wir lachend die Flucht ergriffen.

31. Mai. Die Bürger von Jalapa veranstalteten dem Kaiser zu Ehren im Theatersaal einen glänzenden Ball. Die schönsten und vornehmsten Damen wurden dem Kaiser vorgestellt, dessen Augen mit sichtlichem Wohlgefallen auf den anmuthigen Gestalten und den feinen bleichen Gesichtchen der schönen Creolinen ruhten. Auch an komischen Erscheinungen war kein Mangel; von unserer Seite gab Regimentsarzt

Hofmann, ein ebenso passionirter als unglaublich schlechter Tänzer viel Anlass zur allgemeinen Heiterkeit, in die auch der Kaiser einstimmte.

Um 11 Uhr Nachts erhielt ich den Befehl mit einer halben Compagnie nach St. Miguel zu marschiren und den Weg für die Reise des Kaisers zu sichern, eine Vorsichtsmassregel, die wohl nirgends so am Platze ist, wie im schönen Mexico.

Abgesehen davon, dass der elende Zustand der Strassen jeder Beschreibung spottet, so sind Raub und Mord an der Tagesordnung und nur die absolute Nothwendigkeit kann die Leute veranlassen, eine Reise zu unternehmen.

Die Bilder, die man auf mexikanischen Strassen zu sehen bekommt, sind eben so eigenthümlich als interessant. Schwerbepackte Esel, halbnackte Indianer, schwere Lasten tragend und Herden von Mulos mit Kisten beladen, die oft Geld oder Waaren von hohem Werthe enthalten, ziehen des Weges. Hinter jeder solchen Herde reiten die Arrieros, die verantwortlichen Hüter und Überbringer der Waaren und der Thiere. Diese Arrieros (Maulthiertreiber) sind Leute, denen man in ihrem Geschäfte ungezählte Summen Geldes anvertrauen kann, die aber, wenn sie keine Geschäfte haben, vor einem Raube durchaus nicht zurückschrecken. Sie sind immer froh und munter, verdienen viel Geld, doch leben sie so verschwenderisch, dass sie immer arm bleiben.

Kaum sind die Maulthierherden vorbei, so rast eine mit 14—16 Mulos bespannte Diligence daher, deren Insassen entweder schon ausgeraubt sind oder dieser Eventualität von Moment zu Moment, mit Angst und Schrecken entgegensehen. Obwohl sie den Revolver krampfhaft fest in der Hand halten, so sind sie doch weit eher bereit, sich bis auf die Haut ausplündern zu lassen, als von der Waffe Gebrauch zu machen. Plötzlich sieht man wieder mehrere bis an die Zähne bewaffnete Reiter einhersprengen. Die Gesichter dieser unheimlichen Gestalten sind durch den Sombrero und die Serape bis auf die schwarzen funkelnden Augen verhüllt und Niemand kann sagen, ob es Reisende, Soldaten oder Räuber sind.

Wir traten unseren Marsch bei strömendem Regen an und erreichten gegen Morgen ganz durchnässt St. Miguel, wo ich sogleich nach allen Richtungen Patrouillen aussandte. Der Ort wurde gründlich untersucht und die Überzeugung gewonnen, dass der Kaiser ohne einen Unfall zu besorgen, die Strecke passiren könne.

Um 8 Uhr Morgens traf der Monarch mit den Ministern und dem Grafen Thun hier ein. Der Kaiser hatte den Weg unter dem Schutze einer Hussaren-Escadron in einer Sänfte zurückgelegt, in der sich auch sein Secretär Paulkowić befand; letzterer hatte sich durch einen Sturz vom Pferde den Fuss verletzt und der Kaiser liess ihn darauf an seiner Seite Platz nehmen.

Da unter unseren Leuten in letzter Zeit öfter Desertionen vorkamen, so wurde Standrecht publicirt. Einige Tage später entwichen wieder acht junge Uhlanen aus Perote in der Absicht zum Feinde überzugehen. Sie machten sich auf den Weg nach Jalacingo, wo Capitän Malgarejo mit seinen Indianern stand, die von den Uhlanen irrthümlich für Soldaten der Gegenpartei gehalten wurden. Malgarejo bestärkte sie in diesem Glauben durch grosse Zuvorkommenheit. Er bewirthete sie und liess sie die Waffen ablegen. Kaum war das geschehen, erklärte er sie als Gefangene und schickte sie sogleich gefesselt und unter starker Bedeckung nach Perote zurück. Die armen Teufel, von denen keiner das 20. Jahr überschritten hatte, wurden noch am selben Tage erschossen. Sie starben so gefasst und muthvoll, dass sie die Bewunderung und das Mitleid aller Officiere erregten und wenn es möglich gewesen wäre, würde man diese armen jungen Burschen sicherlich pardonirt haben. Die Sache hatte insoferne ihr Gutes, dass von diesem Tage an keine weiteren Desertionen vorkamen.

26. Juni. Ich erhielt den Befehl, mit einem halben Zuge der 6. Compagnie den Munitions- und Waffentransport nach Perote zu begleiten und dort weitere Befehle des Corps-Commandos abzuwarten.

Der Marsch ging über St. Miguel und Las Vigas. Trotz des elenden Weges hatten wir ausser dem Bruch einer Wagenachse keinen Unfall und kamen am 29. Juni um 3 Uhr Nachmittags wohlbehalten in Perote an. Ich meldete mich sogleich bei dem General Thun, der mich für den nächsten Tag zu sich befahl.

30. Juni. Graf Thun empfing mich sehr liebenswürdig, liess mich Platz nehmen und servirte mir einen ausgezeichneten Schnaps.

In einem längeren Gespräche über die Verhältnisse des Corps und des Landes bemerkte er, dass die österreichischen Truppen, trotz ihrer anerkannten Tapferkeit, doch ihrer schweren Aufgabe nicht ganz gewachsen wären. Die kaum zu überwindenden Schwierigkeiten des Terrains, die Langsamkeit ihrer Bewegungen, die Unbeholfenheit bei Auffindung von Proviant und Trinkwasser, die Schwerfälligkeit bei Aufstellung der Vorposten, sowie die geringe Kenntnis der spanischen Sprache, machen es unumgänglich nothwendig, eine Abtheilung aus einheimischen Elementen unter österreichischen Chargen zu formiren. Langsam und sicher, wie die narkotischen Dosen, wählte er seine Worte und liess sie aus seinen in meine Gedanken übergehen. Der für mich recht fatale Befehl, eine solche Abtheilung aus 400 Kriegsgefangenen, welche die Franzosen bei Oajaca gemacht, zu bilden, wurde mir fast in der Art einer freundlichen Bitte gegeben und dadurch jede Einwendung unmöglich gemacht.

Je mehr ich aber über die an mich gestellte Aufgabe nachdachte, um so schwieriger erschien mir die Ausführung. Abgesehen davon, dass die neuassentirten Krieger beim ersten Gefechte gemeinschaftliche Sache mit dem Feinde machen und die Waffen gegen uns kehren könnten — wusste ich auch gar nicht, auf welche Weise es mir gelingen würde, den starren indianischen Trotz und das bei diesen Leuten, leider mit Recht, so tiefeingewurzelte Misstrauen gegen alle Weissen zu besiegen.

1. Juli. Zeitlich Früh begab ich mich zu dem mir befreundeten Oberstlieutenant Carillo, theilte ihm den Befehl des Grafen Thun mit und bat um seinen Rath und Beistand. Carillo verhehlte mir die Schwierigkeiten nicht, mit denen ich zu kämpfen haben werde, war aber gerne bereit, mir zu helfen.

Nachdem wir uns berathen hatten, begleitete er mich in das Fort, wo die Gefangenen in feuchten, dumpfen Kasematten untergebracht waren. Das Elend, welches ich hier fand, war furchtbar. Die Leute waren verwildert, schlecht genährt, kaum bekleidet und starrten vor Schmutz und Ungeziefer.

Carillo sprach in meinem Namen zu ihnen und schilderte mit bewunderungswürdiger Zungenfertigkeit die Vortheile, die ihrer im Dienste des Kaisers harrten. Die Indianer zeigten sich gegen alle Redekünste Carillo's vollkommen theilnahmslos und würdigten ihn keiner Entgegnung. Nur ein Einziger zeigte sich weniger verstockt und erklärte sich nach kurzem Besinnen bereit, unserer Aufforderung zu folgen. Ich übergab den Mann sogleich einem Unterofficier, der mir ihn nach einer halben Stunde gereinigt, mit kurzgeschnittenen Haaren und anständig adjustirt vorstellte. Die Adjustirung war übrigens sehr einfach; sie bestand aus einer Zwilchhose und Blouse, grossem Strohhut und den landesüblichen Sandalen. Als Mantel diente eine Kotze mit einer Öffnung in der Mitte, zum Durchstecken des Kopfes; als Waffe ein altes rostiges Gewehr.

Nachdem der Mann den Eid, 6 Jahre im österreichischen Corps zu dienen, abgelegt hatte, gab ich ihm für einen Tag Menagegeld und Löhnung, sowie die Erlaubnis, sich einen Rausch anzutrinken, aber pünktlich um 9 Uhr Abends zu Hause zu sein.

Die Ruralgarde von Perote und die Indianer von Isuacan, im Ganzen 150 Mann, wurden unter mein Commando gestellt. Sie hatten während der Dauer der Sierra del Norte-Expedition dem Kaiser ihre Dienste angetragen und dienten unter ihren eigenen Officieren, die aber gerade so dumm wie die Mannschaft waren.

Ihre Kleidung war die der indianischen Bauern und ihre Gewehre alt und verrostet. Als weitere Waffe hatten sie die Machetta, welche sie nach Art der Säbel trugen. Es ist dies ein gegen 60 Centimeter langes und 6 Centimeter breites Messer vom besten Stahl und ausserordentlich elastisch. Ich sah mit der Machetta einen armdicken Ast mit einem Hiebe durchhauen; sie vertritt bei den Indianern auch die Stelle der Sichel und der Sense.

Den Rest des Tages brachte ich mit der Organisation meiner neuen Truppe zu. An Officieren hatte ich vorderhand nur mich allein und entfiel mir betreffs ihrer jede Sorge, an Chargen den Unterjäger Griller und die Patrouillenführer Kallay und Trinkler.

Griller und Kallay waren ehemalige österreichische Officiere; sie mussten quittiren, weil sie die Kunst nicht verstanden hatten, mit der damaligen knappen Gage auszukommen. Beide waren tapfere, anhängliche und sehr intelligente Leute.

Sehr erschwert wurde mir der Dienst durch die doppelte Verrechnung. Die von der 6. Compagnie übernommenen 30 Mann und die zum österreichischen Corps Assentirten hatten dieselbe Verpflegung, wie die Soldaten des österreichischen Corps. Die Ruralgarde von Perote und die Indianer von Isuacan erhielten, sowie alle mexikanischen Truppen, Geldgebühren und mussten sich selbst verpflegen.

5. Juli. Weitere 40 Mann assentirt. Nachmittags nahm ich ihnen den Eid ab und publicirte die nothwendigsten Kriegsartikel.

6. Juli. Des Kaisers Geburtstag. Alle Truppen, auch die meinen, rückten zum Gottesdienste aus. Meine Indianer wurden von der Bevölkerung mit scheelen Blicken angesehen, die mich zur Vorsicht mahnten. Um keinen Anlass zu Hetzereien zu geben, commandirte ich spanisch, obwohl ich vom Corps-Commando den Befehl erhalten hatte, mich nur deutscher Commandoworte zu bedienen. Ich gab' mir sehr viel Mühe, die Landessprache zu erlernen und erwarb mir in kurzer Zeit so viel Kenntnisse, dass ich mit den Leuten ohne Hilfe eines Dolmetschers verkehren konnte.

7. Juli. Die 3. Compagnie und die Pionnier-Abtheilung nach Tesuitlan abmarschirt und die 17. Compagnie unter Hauptmann Sebastian in Perote angekommen, um Morgen den Marsch nach Jalapa fortzusetzen, wo sie in Garnison verbleibt.

11. Juli. Den Befehl erhalten, mit meiner Truppe nach Mazapa zu marschiren und den Weg über Tepeyahualco zu nehmen. Meine Abtheilung bestand aus: 100 Mann Kriegsgefangenen von Oajaca, 150 Mann Ruralgarden von Perote und den Indianern von Isuacan, in Summe: 1 Officier, 1 Oberjäger, 2 Patrouillenführern und 250 Mann. Ein wahres Rachecorps, vor dem mir selbst bange geworden wäre, hätte ich mehr zu verlieren gehabt, als meine Knochen.

12. Juli. Um 6 Uhr Früh mit meiner bunt zusammengewürfelten Kriegerschaar den Marsch nach Tepeyahualco angetreten. Ein breiter, furchtbar versandeter Fahrweg verbindet Perote mit Puebla; die weite Hochfläche ist von theilweise bewaldeten Höhen begrenzt.

Als ich im scharfen Trabe seitwärts des Weges zur Avantgarde ritt, wich plötzlich der Boden unter den Hufen meines Pferdes und es stürzte mit mir in ein ziemlich tiefes Loch. Dank dem weichen Sande kamen wir Beide, ohne Schaden genommen zu haben, davon. Die Indianer sagten mir, diese Vertiefungen rühren von einer grossen Gattung Hamster her.

Um 5 Uhr Nachmittags in Tepeyahualco angekommen.

Gegen Abend wollte ich mir das Vergnügen einer Entenjagd gönnen und begab mich mit meinem Gewehre an das Ufer eines Sees. Da wenig Deckung vorhanden war, schlich ich äusserst vorsichtig heran und hockte mich im Gesträuche nieder. Im selben Moment fuhr ich aber blitzschnell wieder empor und griff unwillkürlich nach dem schmerzenden Körpertheile, der heftig blutete. Ich forschte nach der Ursache dieser Verwundung und entdeckte einen im Grase verborgenen Kugelkaktus, auf den ich mich zu setzen das Unglück hatte. Mit der Jagd war es für diesesmal vorbei, denn der Schrei, den ich ausgestossen hatte alle Enten verscheucht.

Eine Legua östlich von Tepeyahualco erhebt sich vom Plateau ein gegen 3400 Meter hoher kahler Felsen, der Berg Pizzaro, der in den Sagen der Mexikaner eine grosse Rolle spielt.

Die Spanier sollen bei ihrem Rückzuge ihre Gold- und Silberschätze am Fusse des Berges vergraben haben. Ein französischer Oberst veranstaltete Nachgrabungen, deren Resultat mir aber nicht bekannt geworden ist.

In der ganzen Gegend stehen Kreuze zur Erinnerung an die Opfer der Anarchie.

Das Plateau von Anahuac ist auch die Heimat des mexikanischen Weines, des Pulquo, der aus dem Safte der Agave bereitet wird. Die Agave wird vielfach zur Einfassung der Strassen und Felder benützt; die grossen fleischigen Blätter haben feste Fasern, die zu Stricken und Bindfäden verarbeitet werden und den alten Mexikanern zur Bereitung von Papier dienten. Der Hauptnutzen dieser Pflanze besteht aber in dem gährungsfähigen Safte. Zehn Jahre lang trägt die Agave nur saftige Blätter mit dornigem Rande, nach Ablauf dieser Zeit beginnt sie zu blühen: ehe jedoch die Entwicklung des Saftes eintritt, schneidet man die Knospen heraus und sammelt den herausströmenden Saft mittelst einer hebelartigen Röhre in einen Schlauch. Der Gährung überlassen, entsteht aus diesem Safte das milchweisse, berauschende Lieblingsgetränk der Mexikaner, der Pulquo. Im felsigen oder mageren sandigen Boden gedeiht die Agave am besten.

Im eigentlichen Mexiko unterscheidet der Eingeborene in klimatischer und pflanzen-geographischer Beziehung drei scharfgetrennte Regionen. Die erste, die heisse tierra caliente, von der Küste bis

975 Meter (3000 Fuss) ist die Region der Palmen, der Baumwolle, des Indigo, der Vanille, des Zuckerrohres und des Kaffees. Hier gedeihen die köstlichsten Früchte und die herrlichsten Pflanzen der Tropenzone, aber hier ist auch der Herd des gelben Fiebers und anderer bösartiger Krankheiten, sowie die Heimat giftiger Schlangen, von Affen, Jaguars, Pumas, Armadilles, Niguas, Mosquitos, Scorpionen und Kaimans. In grosser Menge wird hier Cochenille gezüchtet.

Die zweite gemässigte Region, tierra templada, reicht bis zu den Fichtenwaldungen in 2000 Meter Höhe und begünstigt das Gedeihen des Maises, des Kaffees, der Banane und stellenweise auch des Zuckerrohres. Die tierra templada ist sehr gesund und zeichnet sich durch besonders gutes Trinkwasser aus.

Die dritte Region endlich, die terra fria, von 2000 Meter aufwärts bis zur Schneegrenze der mexikanischen Vulkane, 4500 Meter (14.000 Fuss), hat das Klima von Mittel-Europa, besitzt grosse Fichtenwälder und zeitigt Getreide und Kartoffeln.

Tepeyahualco liegt 2390 Meter hoch, hat gegen 6- bis 800 Einwohner und ist grösstentheils aus ungebrannten Backsteinen erbaut. Der Boden senkt sich gegen Süden und die ganze Gegend verwandelt sich in der Regenzeit in einen mehrere Quadratmeilen grossen See, der bis zu den südlichen Bergen reicht und mit Tausenden von wilden Enten bevölkert ist.

Ich brachte meine Leute in Schupfen und Stallungen einer Hacienda unter, mich selbst bei dem einzigen Kaufmann des Ortes. Das Bett, welches mir zur Verfügung gestellt wurde, schien aber schon jahrelang in derselben Verfassung von der ganzen Familie benützt worden zu sein, und ich zog es vor, die Nacht auf einer Tragbahre zuzubringen.

13. Juli. Um 6 Uhr Früh marschirte ich in nördlicher Richtung ab. Bei der Hacienda Conception führte der Weg über eine feuchte saftige Wiese, auf der sich mehrere Klapperschlangen behaglich in der Sonne wälzten. Zwei davon wurden von meinen Indianern erschlagen.

Um 4 Uhr Nachmittags erreichte ich Mazapa, eine dem General Calderon gehörige Hacienda; dieselbe liegt auf dem Kreuzungswege zwischen Zacapoaxtla und Zautla.

In Mazapa traf ich bereits den General Thun mit seinem Stabe, den Obersten Kodolić und den Oberstlieutenant Carillo.

Alle Vorbereitungen zu einer Expedition waren getroffen und befanden sich in Mazapa an Truppen:

Die 5. und 7. Jäger-Compagnie, 6 Escadronen Uhlanen unter Commando des Rittmeisters Graf Geldern, die Batterie des Hauptmanns Graf und ich mit meiner Kriegerschaar.

In Zacapoaxtla standen:
Die 9. und 10. Jäger-Compagnie und die Ruraltruppe unter dem Commando des Oberlieutenants della Sala.

Unterkunft und Verpflegung in Mazapa waren elend.

16. Juli. Nach Mitternacht marschirte die Colonne von Mazapa ab; ich bildete mit meinen Indianern die Avantgarde, und erreichte um 7 Uhr Früh Zacapoaxtla.

Ich erhielt den Befehl, den Kaffee für meine Truppe abkochen zu lassen, dann marschirte die 1. Colonne, bestehend aus der Ruralgarde als Avantgarde, die 10. Jäger-Compagnie, ein Zug Pionniere und eine halbe Gebirgsbatterie auf dem Wege gegen die Cumbres von Apulco. Die 2. Colonne unter dem Obersten Kodolić marschirte eine Stunde später. Sie bestand aus meinen Indianern als Avantgarde, der halben 5. Jäger-Compagnie und einer halben Gebirgsbatterie.

Kaum hatten wir eine Legua hinter uns, so wurde Kanonendonner hörbar; eine halbe Stunde darauf erreichten wir den Punkt, wo General Thun mit einer halben Gebirgsbatterie stand. Die Brücke über den Rio de Apulco war von der Batterie gegen 500 Schritte entfernt und von derselben vollkommen beherrscht. Ausser dieser Brücke gab es keinen anderen Uebergang über den Fluss. Die Ufer waren senkrechte, etwa 100 Fuss hohe Felsenwände, die ein Erklimmen unmöglich machten.

Hinter der aus Stein erbauten Brücke theilt sich der Weg, der eine führt über die Cumbres nach Xochitlan, der andere in westlicher Richtung nach Huahuaxtla. Die Cumbres waren vom Feinde besetzt, der jedoch durch das Geschützfeuer der Batterie Graf arg bedrängt, nur geringen Widerstand leistete und sich, verfolgt von der 1. Colonne, über die Passhöhe von Apulco zurückzog.

Mittlerweile war es aber dem aus Huahuaxtla vorrückenden Feind gelungen, den Berg nördlich der Brücke zu besetzen.

Da derselbe dicht bewaldet war, so gewährte er dem Gegner eine so vorzügliche Deckung, dass er für uns vollkommen unsichtbar blieb. Unstreitig war es seine Absicht, die beiden Colonnen zu trennen. General Thun erfasste mit raschem Blicke die ganze Situation und ertheilte mir den Befehl, den Berg mit meinen Indianern zu besetzen.

Ich rückte im Schnellschritte vor, liess 30 Mann zur Sicherung der Brücke zurück und erstieg den etwa 300 Fuss über das Niveau der Brücke sich erhebenden Berg.

Als ich 30 Schritte vom Gipfel entfernt war, eröffnete der Feind aus allernächster Nähe ein mörderisches Feuer. Zum Glück waren wir durch dichtes Gesträuch gedeckt und nahmen wenig Schaden.

Doch wie gross war meine Überraschung, als ich auch von rückwärts heftig angeschossen wurde, u. zw. von der nachrückenden halben fünften Compagnie, welche meine Indianer für Feinde hielt.

Ich schrie, schimpfte und fluchte aus Leibeskräften, sah aber auch schon General Thun und Oberstlieutenant Carillo mit Revolvern unter sie hineinsprengen und — unbekümmert um das doppelte Feuer — Ordnung schaffen.

Trotz dieses Zwischenfalles wurde der Feind von meinen Indianern zurückgeschlagen und sein Plan vollkommen vereitelt.

Nachdem alle Truppen gegen die Cumbres dirigirt waren, kletterte ich als Arrièregarde, mühselig den steilen Berg hinauf, wo ich halbtodt vor Müdigkeit ankam.

Beide Colonnen blieben auf den Höhen, wo nur wenige elende Hütten zu unserer Aufnahme vorhanden waren. Ich quartirte mich mit dem Oberstlieutenant Carillo und dem Stabsarzte Neudörfer in einer dieser Hütten ein, und liess von meinen Indianern den Braten besorgen, die im Auffinden von Lebensmitteln Ausserordentliches leisteten, obwohl sie selbst, wie alle Indianer, äusserst mässig waren und mit der einfachsten Speise vorlieb nahmen.

Ausser einigen leicht Verwundeten hatte ich an Schwerverwundeten: den Oberjäger Bosch (Schuss in den Kopf), den Indianer Ciprian Munios (Schuss durch beide Füsse); an Todten: den Mexikaner Salvator Rosas.

Meine neu errichtete Indianer-Abtheilung hatte sich in diesem ersten Gefechte sehr brav, treu und verlässlich bewiesen und die Feuertaufe würdig bestanden. General Thun sprach seine vollste Zufriedenheit aus, decorirte 10 Mann und beglückwünschte mich.

17. Juli. Nach einer miserabel verbrachten Nacht brachen wir um 4 Morgens nach Huahuaxtla auf. Der Feind räumte ohne Widerstand den Ort und um 8 Uhr wurde derselbe von uns besetzt.

General Thun nahm mit seinem Stabe von dem Pfarrhaus Besitz, wo ehemals Juan Francisco sein Hauptquartier aufgeschlagen hatte.

Meine Wenigkeit begnügte sich mit dem Arrestlocale der Gemeinde, welches ich mit Carillo theilte. Über dem Arreste befand sich ein grosser Saal, in dem vormals die Gemeindesitzungen abgehalten wurden, doch wollte ich denselben nicht für mich benützen und quartirte mehr als 50 Mann dort ein, während der Rest in einer benachbarten Indianerhütte untergebracht wurde.

Mein Manipulant, Unterjäger Griller, bereitete uns ein prächtiges Essen, bestehend aus einem Truthahn, mehreren Hühnern, den landesüblichen Fricoles (Bohnen) und frisch bereiteten Tortillas.

Zu diesem köstlichen Schmaus, dessen Schluss sehr guter schwarzer Kaffee bildete, lud ich mehrere Herren ein, die diesem seltenen Diner alle Ehre erwiesen.

Nachmittag brachte mir Patrouillenführer Trinkler einen katholisch-indianischen Heiligen aus Thon, den er in der Hütte, in welcher er bequartiert war, auf einem mit Lichtern umgebenen Altar stehend fand. Es war die abscheulichste Fratze, die man sich denken kann. Die Indianer kennen von der christlichen Religion, zu der sie sich dem Namen nach bekennen, überhaupt nur die Ceremonien und es gehört eine rege Phantasie dazu, um in den, von dem Clerus verunstalteten Gebräuchen die reine Lehre Jesus zu erkennen.

Der Hauptgegenstand der Verehrung sind schlechte Bilder oder Puppen aus Holz oder Thon, die mit allerlei Mechanismen versehen sind, ihre Stellung ändern, die Augen verdrehen, und was besonders bei den weiblichen Heiligen die Hauptsache ist, bald schön frisirt, bald mit aufgelösten Haaren, bald in einfacher, bald in prunkvoller Kleidung, das richtet sich nach den verschiedenen Festtagen, erscheinen können. Die Gesichter dieser Heiligen sind mit den grellsten Farben angestrichen und von unbeschreiblicher Hässlichkeit. Am Charfreitag kann man zwölf, nur mit Hemd und Unterhose bekleidete Bauern sehen, die mit riesigen Kränzen auf den Köpfen, die zwölf Apostel vorstellen, aus einer Kirche in die andere ziehen und überall mit Ehrfurcht und Andacht angestaunt werden. Während einer lang andauernden Trockenheit kam ich in ein indianisches Dorf, als gerade die bunten Puppen vor der Kirche ihrer prächtigen Kleider beraubt, in Anwesenheit einer grossen Volksmenge tüchtig ausgepeitscht wurden. Auf mein Befragen, was diese grausame und rücksichtslose Behandlung der sonst so hochgeehrten Heiligen bedeute, wurde mir geantwortet, da dieselben trotz aller Gebete und Opfergaben, den ersehnten Regen nicht spenden wollten, so versuche man sie auf diese eindringliche Manier zur Erfüllung ihrer Pflicht zu zwingen. Als zwei Stunden später wirklich ein starker Regen eintrat, war die Freude eine grenzenlose; die Heiligen wurden schön frisirt und bekleidet und Alles beeilte sich, auf den Knien rutschend und Andachtslieder heulend, den Götzen ihre Dankbarkeit und Ehrfurcht zu bezeugen.

Diese grenzenlose Verdummung wird von den Geistlichen absichtlich genährt, in vielen Fällen aber auch vollkommen getheilt. Der Bildungsgrad, auf dem der niedere Clerus steht, ist ein unglaublich geringer, und was die Moralität anbelangt, so existirt dieselbe einfach gar nicht. Das Cölibat wird strenge gehalten, aber in jedem Pfarrhofe wimmelt es von grossen und kleinen Kindern, die den hochwürdigen Herrn ganz ungenirt „Papa" nennen. Ich bin überzeugt, dass die Verkommenheit der socialen Zustände in Mexiko zum grossen Theil dem schlechten Beispiel zugeschrieben werden muss, welches die lüderliche Lebensweise der Geistlichen dem Volke gibt.

18. Juli. Ich hatte auf einem weichen Lager von Maisstroh vortrefflich geschlafen und hörte nur wie im Traume ein fürchterliches Ächzen, Stöhnen und Fluchen Carillo's, der mit mir die Kammer theilte. Ich war nicht im Stande, mich so weit zu ermuntern, um ihn zu fragen,

was ihn zu diesen Wuth- und Jammerlauten veranlasste. Beim Erwachen war ich nicht wenig erstaunt, mich allein zu finden; in dem Moment trat Carillo ein und schlug die Hände über den Kopf zusammen.

„Aber, Mensch," rief er, „wie konnten Sie hier schlafen? Es wimmelt ja von Flöhen. In meinem Leben sah ich so etwas nicht, ich musste die Flucht ergreifen und brachte die Nacht im Freien zu. Mein Körper war ganz schwarz von diesem Ungeziefer, und sehen Sie nur, welche Spuren ich trage."

Und während ich laut lachend versicherte, ausgezeichnet geschlafen zu haben, zeigte er mir mit allen Zeichen tiefer Indignation unzählige „picadas de pulgas" (Flohstiche) an seinem wohlgenährten Körper, was mich zu einer immer grösseren Heiterkeit verleitete.

Um 12 Uhr Vormittag marschirte die Colonne unter dem Commando des Obersten Kodolić gegen Xachapulco ab, wobei ich mit meinen Leuten wieder die Avantgarde bildete.

Der ganze Weg, stellenweise nur so breit, dass kaum zwei Mann nebeneinander gehen können, ist ein Engpass in des Wortes vollster Bedeutung. Links fliesst der Apulco in einer 30—40 Meter tiefen Baranka, während sich rechts steile überhängende Felsen erheben.

Eine Legua von Huahuaxtla entfernt wurde am Rio de Apulco, bei der Einmündung eines Baches, ein hölzernes Blockhaus zum Zwecke der Wegsperre errichtet.

Beim Vorgehen wurden wir vom Feinde nicht belästigt, obwohl die Falkenaugen meiner Indianer ihn auf weit entfernten Höhen stehen sahen. Ich meldete diese Wahrnehmung dem Oberstlieutenant Kodolić und sofort richteten Alle die Feldstecher nach der bezeichneten Richtung, ohne jedoch etwas Verdächtiges zu erblicken. Es wurden schlechte Witze gemacht und auch Kodolić, der meine Muchachos noch nicht kannte, legte meiner Meldung keinen Werth bei.

Um $^1/_2$4 Uhr wurde der Befehl zum Rückmarsche gegeben, wo ich wieder als Arrièregarde commandirt war.

Wir waren kaum eine Viertelstunde marschirt, als von den steilen Felsenwänden ein Hagel von Steinen auf uns niederprasselte, während von den jenseits des Rio de Apulco sich hinziehenden bewaldeten Höhen der unsichtbare Feind ein heftiges ununterbrochenes Feuer auf uns eröffnete.

Der Steinhagel fiel auf uns nieder, als eben die mit Geschützen und Munition beladenen Maulthiere vorbeipassirten. Im ersten Momente trat Verwirrung ein, doch der Artillerie-Lieutenant Bachmann stellte mit bekannter Kaltblütigkeit und Umsicht bald wieder Ordnung her.

Ich musste mit der Arrièregarde stehen bleiben, um die Colonne einen grösseren Vorsprung gewinnen zu lassen. Ermattet lehnte ich mich mit dem Rücken gegen einen Baum und suchte mit aller Anstrengung meiner Sehnerven den unsichtbaren Feind zu entdecken. Plötzlich sprang ein Indianer auf mich zu und riss mich mit Gewalt zu Boden. Anfangs dachte ich an Verrath, doch ich that dem braven Burschen Unrecht; er zeigte mir in dem Baume, an den ich mich angelehnt, das Loch einer Kugel, die mir ohne seiner Geistesgegenwart unfehlbar den Garaus gemacht hätte.

Spät Abends erreichten wir Huahuaxtla und obwohl uns der Feind unaufhörlich begleitete, so war der Schaden, den er uns zufügte, der grossen Entfernung wegen, doch ein sehr geringer. Ausser zwei leicht Verwundeten hatten wir keine weiteren Verluste.

19. Juli. Um 1 Uhr Nachmittags marschirte ich, abermals als Avantgarde der Colonne Kodolić, nach Huitzila. Wir kamen in eine paradiesisch schöne Gegend und gelangten, fortwährend abwärts steigend, in die heisse Zone. Die Vegetation änderte sich Schritt für Schritt und bot für uns Europäer so viel Neues und Überraschendes, dass wir darüber die Müdigkeit vergassen und uns an der unvergleichlichen Schönheit dieser Landschaft nicht satt sehen konnten.

Die hohen bewaldeten Berge, die mit Tropengewächsen überwucherten Thäler und Schluchten, die unzähligen Gebirgsbäche, die mit cascadenartigem Lauf über plattgewaschene Steinblöcke dahinschiessen; zu Zeiten kaum sichtbare Silberfäden, dann wieder tobende wilde Wasserlawinen, die Grossartigkeit des Ganzen und die Lieblichkeit der Details übertraf Alles, was ich bis jetzt gesehen.

Eine Legua von Huitzila passirten wir die beiläufig 800 Fuss tiefe Schlucht, in welcher ein Zufluss des Rio de Zempoala fliesst. Am Eingange des Ortes empfing uns eine Deputation; Oberstlieutenant Kodolić dankte den Leuten freundlich, beschenkte sie und erwarb sich in kurzer Zeit ihr Vertrauen.

Huitzila ist ein ganz netter Ort, obwohl er nur aus vielen zerstreut liegenden Hütten besteht. Natürlich fehlt auch hier eine hübsche, aus Stein erbaute Kirche nicht. Um die Hütten sind Palmen, Bananen und Citronenbäume gepflanzt, was recht hübsch und freundlich aussieht. Das Trinkwasser, das von den Höhen kommt, ist vortrefflich und gesund.

20. Juli. Wir übernachteten in Huitzila und die Colonne trat um 7½ Uhr Früh den Rückmarsch nach Huahuaxtla an, während ich den Befehl erhielt, bis 10 Uhr Vormittags in Huitzila zu bleiben, um den mexikanischen Capitain Luna, der nach Zapotitlan zu einer Recognoscirung entsendet wurde, zu erwarten.

22. Juli. In der Nacht war es dem Feinde gelungen, den hohen felsigen Berg nördlich des Ortes zu besetzen, von wo er ein heftiges Feuer auf Huahuaxtla eröffnete.

Die Besatzung der Verschanzungen, welche auf den Höhen östlich und westlich des Ortes errichtet waren, erwiderte lebhaft das Feuer.

Lieutenant Bachmann gab einige gute Shrapnelschüsse auf den Feind ab, während ich meine Abtheilung sammelte und im heftigsten feindlichen Feuer vorrückte, um dem Feinde den Rückzug abzuschneiden.

Als er dies bemerkte, verliess er die Höhen und zog sich rasch gegen Xachapulco zurück. Nun entsendete Hauptmann Hoen die Lieutenants Kottel und Graf Auersperg mit je einem Zuge österreichischer Jäger mit dem Befehl, den fliehenden Feind bis zu dem vorgeschobenen Blockhaus zu verfolgen.

Leider aber gelang es dem Gegner, das Blockhaus in Brand zu stecken und die Besatzung theils niederzumachen, theils gefangen mit sich fortzuschleppen. Cadet-Oberjäger Dunckelmann der 10. Compagnie wurde todt am Platze gefunden. Von 19 Mann gelang es nur Zweien sich zu retten.

Der Feind erkannte die Unmöglichkeit des beabsichtigten Durchbruches und zog sich auf allen Punkten zurück.

Meine Indianer hielten sich ausserordentlich brav; ihre Bewegungen waren so behend, dass wir Europäer ihnen nur keuchend nachkommen konnten. Die Ruralgarde von Perote und die Indianer von Isnacan taugten, wie alle Miliztruppen, nicht viel.

Allgemeine Bewunderung erregte die Furchtlosigkeit des 17jährigen Jägers Bugalski. Er war mein Compagnie-Koch und in der Früh, mitten am Platze, beschäftigt den Kaffee abzukochen, während die Kugeln des Feindes ununterbrochen neben ihn, einige sogar in das Feuer niederfielen. Der Junge lachte und liess sich in seiner Beschäftigung nicht stören. Als mir die Sache zu toll wurde, befahl ich ihm, augenblicklich die gefährliche Stelle zu verlassen, was er dann auch that, ohne sich jedoch das Vergnügen zu versagen, einige eben niedergefallene Kugeln mit Kaffee zu begiessen, was eine allgemeine Heiterkeit verursachte.

Heute bekamen wir auch Nachricht über die Unternehmung des Oberlieutenant Gruber, dem es gelungen war, bei einem Streifzuge nach Tesuitlan die Deserteur-Colonne von Los Positos zu versprengen, den General Ramirez in Huatusco aufzuheben und den Ort Metapalco von den Dissidenten zu säubern.

Die Resultate dieser glücklichen Expedition waren: die Gefangennahme des General Juan Ramirez, des General-Zahlmeisters Carlo Labrero, Major-Adjutant des General Ortega, Miguel Aquilar und zehn minder bedeutenden Persönlichkeiten; schliesslich die Wegnahme der Position bei Los Positos.

Um Mittag bekam ich den Befehl, nach Zacapoaxtla zu marschiren und war bereits um 1 Uhr am Wege dahin. Dort angekommen, meldete ich mich bei dem General Thun und erhielt von ihm den Befehl, morgen um 5 Uhr Früh zur Expedition nach Xachapulco bereit zu sein.

Die traurige Nachricht von dem Tode des Rittmeisters Grafen Kurzrock erhalten. Derselbe wurde bei dem Orte Aucatlan von Antonio Perez erschossen, seine Escadron theils getödtet, theils gefangen genommen.

Unter den Gefangenen befindet sich Rittmeister Baron Sternberg und nur dem Lieutenant Sega gelang es, sich mit 8 oder 10 Mann durchzuschlagen.

Die irregulären Indianer von Ismacan und Perote an Oberlieutenant Weber abgegeben; es verblieben mir daher nur die assentirten Kriegsgefangenen von Oajaca und ein Zug der 6. Compagnie.

23. Juli. Die ganze Nacht ununterbrochener Regen und keine Aussicht auf besseres Wetter. Alle Wege ungangbar, die Expedition musste vertagt werden. Ich benützte diese Gelegenheit um mir Zacapoaxtla eingehender anzusehen. Der Ort ist 1700 Meter hoch gelegen und grösstentheils aus Stein erbaut, hat mehrere hübsche Kirchen und zählt gegen 3000 Einwohner. 500 Schritte auf dem Wege nach Comaltepec war schon von früher her ein Drehthurm für ein Geschütz und eine Besatzung von 12 Mann errichtet, zur Sicherung des Ortes von der Westseite — derselbe leistete uns jetzt recht gute Dienste.

24. Juli. Der Regen liess nach und die seit einigen Tagen geplante Expedition gegen Xachapulco wurde unternommen. Wir rückten in zwei Colonnen vor. Die Eine unter Commando des Generalen Thun marschirte über Molino, während die zweite unter Commando des Oberstlieutenant Kodolić, bestehend aus der 7. Compagnie unter Hauptmann Krickel, einer halben Gebirgsbatterie unter Lieutenant Bachmann und meiner Abtheilung als Avantgarde über Fabrica, Molino nach Las Lomas marschirte, wo wir mit der Colonne des Generalen Thun zusammentrafen. Der Feind besetzte die Höhen von Las Lomas und wurde trotz heftigen Widerstandes von der Avantgarde aus seiner Position vertrieben und zog sich gegen Xachapulco zurück. Ich rückte nach und besetzte eine halbe Legua westlich des Ortes die dominirenden Höhen.

Nachdem die mitgenommenen indianischen Trabajadores, die den Quatecomacen feindlich gesinnt waren, den aus elenden Hütten bestehenden Ort, mit Ausnahme der Kirche zerstört, die Maisfelder verwüstet hatten, zogen wir uns mit den erbeuteten Rindern und Schafen nach Zacapoaxtla zurück.

Trotz der edlen und humanen Anschauung des Grafen Thun, war derselbe doch zu derlei harten Massregeln gezwungen, da alle anderen angewandten Mittel fruchtlos blieben, um dieses wilde kriegerische Volk zur Unterwerfung zu bringen.

Beim Rückmarsche bildete ich die Arrièregarde, Hauptmann de Fin, der mir einen Befehl des Generalen überbrachte und eine Zeit lang an meiner Seite ritt, musste das Vergnügen theilen, aus einem

Hinterhalte von einigen 30 Quatecomacen angeschossen zu werden. Glücklicherweise kamen wir Alle gut davon und erreichten gegen Abend Zacapoaxtla.

General Thun war mit mir und meinen Leuten sehr zufrieden. Er sagte mir öffentlich, dass ich das Geheimnis entdeckt habe, wie man aus Indianern gute Soldaten mache und beförderte vier von ihnen zu Patrullenführern.

25. Juli. Tag und Nacht ununterbrochener Regen; trotzdem erhielt ich Befehl, morgen einen Raubzug nach Jautetelco zu unternehmen.

26. Juli. Um 4 Uhr Früh mit meiner Abtheilung und der mir für heute zugetheilten 2. Compagnie unter dem Capitain Luna abmarschirt. Diese Compagnie bestand grösstentheils aus Zacapoaxtecen, die Todfeinde der Quatecomacen sind und mit einer wahren Begeisterung an ihre Aufgabe giengen. Um 7 Uhr erreichten wir die Höhen des Grand Poder de Dios und nicht ohne ein Gefühl des Bedauerns blickte ich auf das friedliche Thal von Jautetelco, welches in einen dichten Nebel gehüllt, wie ein von Bergen begrenzter See, zu unseren Füssen lag. Durch das elende Wetter sorglos gemacht, hatten die Quatecomacen alle Vorsichtsmassregeln unterlassen.

Ich entsendete sofort 20 Mann unter dem Patrouillenführer Trinkler und die Zacapoaxtecen-Compagnie in das Thal hinab mit dem Befehle ihnen das Vieh wegzutreiben und sich dann gegen die Höhen von Grand Poder de Dios zurückzuziehen, wo ich ihren Rückzug mit meiner Abtheilung decken werde.

Der Befehl war kaum ausgesprochen, als auch schon die leichtfüssigen Indianer blitzschnell den steilen Berg hinunterliefen. Bald wurde es unten lebendig; die überraschten Quatecomacen rotteten sich zusammen und suchten Widerstand zu leisten. Schüsse fielen, Hilferufen und Flüche erschallten, die Weiber flohen mit den Kindern und den wenigen, in der Eile zusammengerafften Habseligkeiten in die Berge und an mehreren Seiten schlugen Flammen aus dem noch vor kurzer Zeit so ruhigen, friedlichen Dörfchen auf.

Die allgemeine Verwirrung benützend, traten die Leute mit den erbeuteten Rindern, Schafen und Hühnern den Rückzug an, verfolgt von den wüthenden Quatecomacen, die unaufhörlich schossen und ihnen die abscheulichsten Schimpfnamen wie: Cavrones, Ladrones, Chingajos, Carajos u. s. w. nachriefen.

Auf den Höhen des Grand Poder de Dios hielt ich den gegen 300 Mann starken, racheschnaubenden Feind eine Zeitlang auf, während sich die in Jautetelco gewesene Abtheilung mit der gemachten Beute nach Zacapoaxtla zurückzog.

In Comaltepec hatte ich einen gefährlichen Moment zu bestehen und musste mich mit aller Energie vertheidigen. Die Quatecomacen verfolgten uns mit einer rasenden Wuth; sie näherten sich uns auf wenige Schritte und wir waren kaum im Stande sie uns vom Leibe zu halten.

Um 2 Uhr Nachmittags kam ich nach Zacapoaxtla zurück. Der General war zufrieden und schenkte die gemachte Beute den Leuten. Den bei den mexikanischen Truppen commandirten Officieren wurde eine Zulage von 30 Pesos bewilligt.

28. Juli. Um 6 Uhr Früh marschirte meine Abtheilung, die 9. Compagnie und eine halbe Batterie unter Oberlieutenant Bardeleben, dann ein Zug Pionniere unter Lieutenant Weiss nach Huahuaxtla. Wir bezogen unsere alten Wohnungen.

29. Juli. Nachmittags wollte ich eine Recognoscirung gegen Azala unternehmen — konnte aber den Rio de Apulco nirgends überschreiten, musste daher unverrichteter Sache nach Huahuaxtla zurückkehren. — Meine beiden braven Patrouillenführer Trinkler und Kallay wurden zu Unterjägern befördert.

Der Monat Juli geht zu Ende, er war reich an Erfahrungen und Gefahren. Im Grossen und Ganzen können wir bis jetzt mit unseren Erfolgen zufrieden sein.

Aus allen Theilen der Sierra del Norte laufen befriedigende Berichte ein. Im Rayon Tesuitlan und Jalapa operirte Oberlieutenant Gruber mit seiner Abtheilung und obwohl der Feind eine grosse Thätigkeit entwickelte, ist es Gruber doch bis jetzt gelungen, der an ihn gestellten Aufgabe gerecht zu werden und den Rücken der in der Sierra del Norte beschäftigten österreichischen Truppen zu decken.

Die Quatecomacen, die am 15. Juli den Waffenstillstand kündigten, nahmen den äussersten linken Flügel des feindlichen Gebietes ein. An sie reiht sich die Linie Papantla—Los Positos, in directer Verbindung mit Tesuitlan und von Benito Marin commandirt.

Beide Theile unterstehen Ortega, zu dessen Gouvernement sie nach der alten Eintheilung (Estado Puebla) gehören. Hierauf folgt der rechte Flügel, die Linie Tlapacoyan—San Carlos durch General Alatorre commandirt. Benito Marin, ehemaliger Nationalgarde-Oberst und Commandant von Tesuitlan, hatte alle unsere Deserteure (35 an der Zahl) in der tierra caliente gesammelt, mit etwa 20 Einheimischen verstärkt und nach Los-Positos geführt. Er hat auch ein Gebirgsgeschütz, welches er jedoch in Zonquimixtla verbarg und nach einem aufgefangenen Briefe erst beim Angriff auf Tesuitlan verwenden wollte.

Benito Marin rechnete hauptsächlich auf seine zahlreichen Freunde in Tesuitlan, mit denen er einen ungestörten Verkehr unterhielt, und ist auch erwiesen, dass ihm Alatorre die Rancheros des Miguel Perez als Unterstützung zugesagt.

Dieser Dissidenten-Chef ist hier sehr beliebt, hat die Fremden, im Gegensatz zu den Mexikanern, stets vorzüglich behandelt und hätte sich vielleicht längst unterworfen, wenn er nicht die Rache des Capitäns Malgarejo fürchten würde, dessen Bruder er erschossen hat.

General Alatorre hat eine militärische Erziehung genossen, war Oberst in der Linie unter Juarez, ist etwa 30 Jahre alt, energisch und auch der Fähigste von Allen. Seine Unterbefehlshaber sind:

Miguel Perez, Haciendabesitzer in Pital, hat grossen Einfluss auf die Rancheros, deren er gewöhnlich 300 aufbietet und befehligt. Behandelt die Fremden gut, duldet nicht, dass seine Leute plündern, dient übrigens Alatorre nur als Werkzeug wegen seines Reichthums und Einflusses.

Ferrer, Oberst und Guerilleros, ist gebildet, spricht mehrere Sprachen, hat seiner Zeit in Jalapa einen Meuchelmord begangen und ergibt sich seither dem Trunke.

Andrade, der zweite Befehlshaber, war nicht anwesend.

Anlässlich des traurigen Endes des Rittmeisters Grafen Kurzrock wurden folgende Befehle erlassen:

„K. mex. Corps-Comm. österr.-belg. Freiwilliger.“

„Officiers-Befehl.

„Zacapoaxtla, 31. Juli 1865.

„In einer in den wohlwollendsten Ausdrücken verfassten Zuschrift unseres höchstcommandirenden Generals, des Marschalls Bazaine, erinnert mich selber, das schwierige Terrain, in welchem wir operiren, zu berücksichtigen.

„Oft schon habe ich vor unüberlegtem Thatendurst auf Unkosten der unseren Befehlen anvertrauten Mannschaft gewarnt. Die ernste Mahnung des erprobten Feldherrn, die vielen Erfahrungen unserer tapferen Alliirten, auf welche sich diese Mahnung basirt, endlich das abschreckende Beispiel tollkühnen Uebermuthes des von mir tiefbetrauerten Rittmeisters Kurzrock bestimmen mich nochmals, allen Herren Officieren des Corps zu empfehlen, die Folgen eines jeden Unternehmens genau zu überlegen, zu bedenken, dass wir es mit einem Feinde zu thun haben, bei dem das Auseinanderstäuben bei jedem ersten Angriff Taktik ist, dass es daher gar keine Kunst ist, überall hinzumarschiren, wohin man will. Zugleich benützt aber dieser schlaue, mit den Terrainverhältnissen vertraute Feind jede Blösse, die wir preisgeben, um über uns herzufallen. Wir können hier nur auf wirkliche Kraft zählen, uns nur durch die allergrössten Vorsichtsmassregeln schützen und müssen vor Allem nie darauf rechnen, etwas vor dem Feinde geheim halten zu können. In allen Gestalten umgeben uns seine Spione.

„Ich muss die Herren Officiere aufmerksam machen, dass durch zu gewagte Unternehmungen das Vertrauen der Mannschaft sinkt; persönliche Bravour kann das nicht ersetzen; wir haben unseren Muth zu beweisen schon hinreichend Gelegenheit gehabt und müssen den Zweck mit möglichst geringen Verlusten zu erreichen trachten.

„Möge Jeder bedenken, dass es sich hier nicht um einen 14tägigen europäischen Feldzug handelt, dass wir hier noch Jahre Beschäftigung und Gelegenheit zur Auszeichnung finden werden und auch Gelegenheit zu Unternehmungen, wo Diejenigen Theil nehmen können, denen es darum zu thun ist, ganz Besonderes zu leisten.

Thun m. p., General."

„K. mex. Corps österr.-belg. Freiwilliger.

Nr. 367. op.
General Graf Thun."

„General-Befehl.

„Se. Majestät der Kaiser haben nachstehendes Allergnädigstes Handbillet an mich zu richten geruht, welches ich den Expeditions-Truppen, denen ich meine volle Anerkennung für ihre bisherigen kriegerischen Leistungen ausdrücke, vollinhaltlich mittheile."

„Lieber General Graf Thun!

„Ich beglückwünsche Sie und die von Ihnen geführte Abtheilung des österr. Corps zu den siegreichen Erfolgen, von denen Sie Mir in Ihren Berichten aus Zacapoaxtla Mittheilung machen. Dieser Beginn des Feldzuges wird der Truppe jene Zuversicht verleihen, aus welcher sie die Überzeugung eines ruhmvollen und glücklichen Ausganges schöpft.

„Es erfüllt Mich mit Bedauern, den Tod eines tapferen Officiers wie Graf Kurzrock, sowie das traurige Ende seiner tapferen Kampfgenossen zu vernehmen, es ist eine ernste Mahnung an die Überlebenden, sich nicht vom Drange nach kühnen Thaten zu übereiltem Handeln hinreissen zu lassen.

„Baldigen weiteren guten Nachrichten entgegensehend, bin Ich Ihr wohlgewogenster

Maximilian m. p."

„Chapultepec, am 28. Juli 1865."

1. August. Mit dem Hauptmann Bubeniczek unternahm ich eine Streifung nach Xachapulco; wir kehrten, ohne auf einen Feind gestossen zu sein, nach Huahuaxtla zurück.

Um 1 Uhr Nachmittags ritt ich mit Lieutenant Graf La Rosé nach Zacapoaxtla, um Geld zu fassen, dort traf ich General Graf Thun, der mir den Befehl ertheilte, morgen Vormittags mit meiner Abtheilung in Zacapoaxtla einzutreffen, um mich an der Expedition gegen Xachapulco zu betheiligen.

2. August. Um 11 Uhr Vormittags rückte ich in Zacapoaxtla ein. Ich wohnte bei einem alten mexikanischen Obersten, mit dem ich mich ganz gut unterhielt.

3. August. Um den Feind zu täuschen, wurde heute eine allgemeine Streifung vorgenommen. Hauptmann Hoen rückte gegen Las Lomas, ich gegen Jautetelco und Lieutenant Pekeć gegen Azala, welch' letzterer Ort auch niedergebrannt wurde.

4. August. Wir rückten in zwei Colonnen vor; die stärkere unter Commando des General Thun marschirte über Las Lomas gegen Xachapulco.

Die zweite Colonne unter Kodolić bestand aus der 7. Compagnie, einer halben Gebirgsbatterie unter Lieutenant Bachmann und meiner Abtheilung als Avantgarde. Beide Colonnen vereinigten sich in Las Lomas.

General Thun entsendete den Oberstlieutenant Kodolić mit der 7. Compagnie, dann 300 Indianern von Zacapoaxtla unter Oberlieutenant della Sala und einem Zuge der 6. Compagnie unter Lieutenant Pekeć nach Xachapulco, während er selbst mit dem Gros eine Aufnahmsstellung zwei Leguas westlich von Las Lomas bezog.

Die halbe Gebirgsbatterie, bei der sich auch Major Weinhara befand und deren Geschützdeckung ich bildete, disponirte der General auf eine Anhöhe, von wo aus man den ganzen Weg nach Xachapulco bestreichen konnte.

Kodolić nahm nach einem kurzen Gefechte Xachapulco ein, ertheilte della Sala den Befehl, mit den 300 Indianern im Orte zu verbleiben und die mexikanischen Truppen von Tetela del Oro unter dem Oberlieutenant d'Equivilley zu erwarten und aufzunehmen, dann kehrte er zum Gros zurück.

Oberlieutenant d'Equivilley kam mit seiner Abtheilung sorglos wie in Freundesland daher; die Leute waren hungrig und durstig, zerstreuten sich im Dorfe und nahmen, was sie fanden. Sie hatten aber die Rechnung ohne den Wirth gemacht. Plötzlich wurden sie von den Quatecomacen überfallen und mit den Indianern von Zacapoaxtla aus dem Dorfe geworfen. Nur die 6. Compagnie unter Pekeć, bei der sich auch der tapfere Hauptmann Schauer und der Oberjäger Ugarkowić befanden, retteten dieselben vor dem gänzlichen Untergang, indem sie, Schritt für Schritt kämpfend, den Rückzug deckten und die halbe Gebirgsbatterie durch ein wohlgezieltes Shrapnelfeuer die Quatecomacen am weiteren Vordringen hinderte. Da trat plötzlich ein so dichter Nebel ein, dass das Feuer eingestellt werden musste, wodurch die Situation sehr bedenklich wurde und ich mich ausser Stand gesetzt sah, die

Geschütze, die hier zwecklos standen, gegen einen feindlichen Angriff zu decken. Ich machte den Major Weinhara auf diesen Umstand aufmerksam, der das Nutzlose des längeren Bleibens einsehend, sich mit den Geschützen nach Las Lomas zurückzog.

Das Scharmützel dauerte den ganzen Tag; Abends begann es zu regnen und die Truppen bezogen auf einer Anhöhe bei Las Lomas ein Bivouak. Bis tief in die Nacht hinein wurde an der Herstellung von Schützengräben und einem Batteriestande gearbeitet. Ich erhielt den Befehl, mit meiner Abtheilung die Vorposten zu beziehen.

Unsere Verwundeten wurden in der Kirche untergebracht und Oberstabsarzt Neudörfer leitete den ärztlichen Dienst.

Auf der Anhöhe, welche wir bezogen hatten, standen zwei armselige Indianerhütten, in der grösseren wurde aus dem reichlich vorhandenen Fleische die Menage bereitet, in der kleineren, welcher die halbe Bedachung fehlte, schlug der General mit seinen Officieren sein Hauptquartier auf. Die Hütte war vollkommen leer und der Fussboden, durch den eingedrungenen Regen aufgeweicht, bildete eine schuhtiefe Kothmasse. In Ermangelung jedes zum Sitzen erforderlichen Apparates war man gezwungen, zu stehen, oder gleich den Wilden auf den Fersen zu hocken.

Trotzdem mich die Anstrengungen des Tages sehr ermüdet hatten, fühlte ich doch keine Lust, diesem Beispiele zu folgen. Über ein Auskunftsmittel sinnend, trat ich aus der Hütte und begegnete zwei Muchachos von meiner Abtheilung, denen ich den Auftrag ertheilte, mir, wenn möglich, ein Bret zu verschaffen. Diensteifrig eilten die braven Burschen davon, um bald mit einem klafterlangen Bret und zwei grossen Steinen, die demselben als Unterlage dienen sollten, zurückzukehren.

Ich bereitete mir nun ein prächtiges Lager, auf welchem ich mit unendlichem Wohlbehagen meine müden Glieder ausstreckte.

Ich muss zu meiner Schande gestehen, dass dieses Wohlbehagen durch den Anblick der armen hockenden Menschheit um mich her durchaus nicht verringert wurde. Da fiel mein Blick auf den Grafen Thun, der ermüdet, wie gebrochen, in einer Ecke kauerte. Ich sprang auf und bat den General, meinen Platz einzunehmen. Anfangs wollte dieser nichts davon wissen und weigerte sich auf das Bestimmteste, mich meines mühsam erworbenen Vortheiles zu berauben, erst meine Versicherung, dass ich die Vorposten visitiren müsse, bewog ihn endlich, meinen Platz einzunehmen, vorher liess er sich aber das Versprechen geben, ihn nach meiner Rückkehr sofort aufzuwecken und wieder Besitz von meinem Lager zu nehmen.

Als ich nach Verlauf mehrerer Stunden, die ich im Freien zubrachte, bis auf die Haut durchnässt, wieder in die Hütte trat, fand ich den General gut und fest schlafend. Meine Ermüdung war nicht mehr zu überwinden, in einen Kotzen gewickelt, legte ich mich in den weichen Lehm und schlief vorzüglich.

5. August. Um 7 Uhr Früh marschirten wir nach Zacapoaxtla zurück; ich bildete mit meiner Abtheilung die Arrièregarde. Da es die ganze Nacht geregnet hatte, so befanden wir uns Alle in einem erbarmungswürdigen Zustand, kein Faden war trocken an uns. Die klimatischen Verhältnisse des Landes brachten es mit sich, dass nach und nach die österreichischen Officiere in ihrer Kleidung die Schutzmittel annahmen, die von den Mexikanern gegen die tropischen Regengüsse, sowie gegen die glühenden Sonnenstrahlen getragen werden. Um sich gegen die letzteren zu schützen, wird ein Stück Leinwand auf dem Hute getragen, das über den Nacken fällt, diesen verhüllt und doch den Zutritt der Luft gestattet.

Gegen den Regen bedient man sich der Pelzhose, Chibarras genannt, und eines Kautschukmantels ohne Ärmel. Die Chibarra besteht aus zwei getrennten Hosentheilen aus Tiger- oder Ziegenfellen, die, ohne dass man vom Pferde steigen muss, über die Beine gezogen, hinten mit einem Riemen, vorne mit einer silbernen Klammer befestigt werden. Jeder Reiter hat die Chibarra hinten am Sattel hängen, um sich ihrer im Bedarfsfalle sogleich zu bedienen.

General Thun war immer der Erste, seine im Lande gemachten Erfahrungen nutzbringend für das Corps zu verwerthen, wie denn überhaupt sein reger Geist alle Unternehmungen belebte, und weit entfernt von dem beengenden, keinen freien Aufschwung gestattenden Commisdienst, alles Gute und Zweckmässige anerkannte, wenn es auch nicht ganz genau in den engen Rahmen des Reglements hineinpasste.

6. August. Rasttag. — Abends erhielt ich den Befehl, den andern Tag zeitlich Früh nach Tesuitlan aufzubrechen, um die Unternehmung des Oberlieutenants Gruber gegen Alatorre zu unterstützen. Bei dieser Gelegenheit hatte ich Gruber 300 Peso und dem Capitain Malgarejo den Guadeloupe-Orden zu überbringen.

Der General, der mir Befehle und Verhaltungsmassregeln ertheilte, entliess mich erst um 12 Uhr Nachts.

Seit der Sierra del Norte-Expedition, wo wir statt Brod, Zwieback fassten, folgte ich oft dem Beispiel meiner Leute, die mit Vorliebe Tortillas, eine Art Maiskuchen, assen. Die Bereitung der Tortillas, die bei den Indianern auch die Stelle der Teller und Löffeln vertreten, ist eine ziemlich mühsame.

Die Maiskörner werden einige Stunden früher in Wasser aufgeweicht und dann mit einer steinernen Walze auf einer schiefen Steinplatte zu einem feinen Teig zerrieben, was ziemlich viel Zeit und Anstrengung erfordert. Durch Schlagen zwischen den Händen wird dieser

Teig zu einer 16—17 Centimeter grossen, einen halben Centimeter dicken runden Scheibe geformt und auf einer ganz flachen, irdenen Schüssel gebacken. Die Tortillas sind, nach Art der Omeletten, ziemlich weich, werden warm gegessen und schmecken gar nicht übel.

Einst wandelte mich die Lust an, frische Tortillas zu essen. Ich trat in eine ziemlich reinliche Indianerhütte und verlangte von einer älteren Frau, sie möge mir, gegen gute Bezahlung, solche bereiten. Die Indianerin machte sich sogleich an die Arbeit, während ich ihr dabei zuschaute.

Die Masse schien dem Weibe etwas zu hart zu sein und da sie kein Wasser bei der Hand hatte, so griff sie, ohne lange zu überlegen, nach ihrem wirklich nichts weniger als verführerischen Busen und befeuchtete den Teig mit einer Flüssigkeit, die wir in unserer ersten Lebensepoche mit Entzücken schlürfen und dann mit schnödem Undanke verschmähen. Auch mir verging die Vorliebe für die Tortillas gründlich und die gute Frau war nicht wenig erstaunt, als sie nicht nur eine gute Bezahlung bekam, sondern auch die Tortillas behalten durfte.

7. August. Ich marschirte um 6 Früh von Zacapoaxtla ab, kam um halb 11 Uhr Vormittags nach Tlatlanquitepec und musste wegen eines wolkenbruchartigen Regens, der die vielen Barankas, die zu überschreiten waren, in reissende Ströme verwandelte, den Weitermarsch unterlassen.

Hier hatte ich das Glück ein Mädchen zu sehen, das seiner Schönheit wegen berühmt war, und von den Officieren des Corps „die Rose von Tlatlanqui" (Abkürzung für Tlatlauquitepec) genannt wurde. Ein reizendes Geschöpf, mit einem feingeschnittenen, classisch schönen Gesicht, wie aus Goldbronce gegossen. Ihr reiches, braunes Haar umfluthete die zierliche Gestalt wie ein Mantel.

8. August. Um 6 Uhr Früh marschirte ich ab und kam um 11 Uhr Vormittags in Tesuitlan an.

Um 1 Uhr rückte auch Oberlieutenant Gruber mit der 3. Compagnie und 5 Verwundeten von der Expedition aus der tierra caliente hier ein.

Sahen wir schon verwildert und banditenmässig genug aus, so wurden wir doch von Gruber's Abtheilung weit übertroffen. Von einer gleichmässigen Uniform war keine Rede. Jeder hatte die abgenützten und in Verlust gerathenen Kleidungsstücke so gut als möglich zu ersetzen gesucht, und da die Eitelkeit, trotz Tod und Gefahren, doch nicht ganz in dem Menschen erlischt, so wurde aus der Noth eine Tugend gemacht, und die Überreste der Uniformen mit der mexikanischen Nationaltracht und den bunten Kotzen und Tüchern der Indianer, mit mehr oder weniger Schönheitssinn zusammengestellt, gewährten im Vereine mit den sonnverbrannten martialischen Gesichtern einen Anblick, der nicht ohne malerische Wirkung erschien.

Gruber, mit seinem gelben, scharfgeschnittenen, orientalischen Gesichte, war zum Anführer dieser abenteuerlichen Schaar, die aller Augen auf sich zog, wie geschaffen.

9. August. Nachdem ich die Wohlthat eines Bades genossen, welches ich zwei Monate entbehren musste, besuchte ich die mir bekannten Familien und wurde mit grosser Herzlichkeit empfangen. Nach dem wüsten Leben, welches ich durch so viele Wochen geführt, fühlte ich mich in dem heiteren Kreise dieser liebenswürdigen Menschen doppelt behaglich.

10. August. Meine Feldvorräthe ergänzt und den ganzen Tag in der Gesellschaft des mexikanischen Obersten Camacho verbracht. Derselbe war früher Oberst im Dissidentenheere und diente unter dem General Alatorre; dann unterwarf er sich dem Kaiser und wurde vom Grafen Thun zum Präfecten von Tesuitlan ernannt. Er war ein hübscher, eleganter, älterer Herr, von sehr einnehmendem Benehmen. Seine sehr interessante, noch junge Frau war in Frankreich erzogen; sie war graziös, geistreich und liebenswürdig, verhielt sich aber gegen ihre Landsleute sehr kühl und zurückhaltend. Auch das Kaiserreich schien ihr keine Sympathien einzuflössen; trotzdem sie uns sehr freundlich in ihrem Hause empfing, vermied sie doch jede Anspielung auf Politik, obwohl sie, wie wenig andere Frauen, befähigt war, dieses Feld mit sicherem Schritte zu betreten.

12. August. Den Befehl erhalten, nach Zacapoaxtla zu marschiren und dort am 14. d. M. einzutreffen.

14. August. Mit meiner Abtheilung und einem Zuge der 6. Compagnie, unter Lieutenant Pekeć, in Zacapoaxtla angekommen.

15. August. Mit einigen hundert Maulthieren, die mit Lebensmitteln beladen waren, zog ich nach Las Lomas und übergab dieselben dem Rittmeister Grafen Geldern.

Hauptmann Meisel hat mit der 6. Compagnie die Höhen von Las Lomas zu einem verschanzten Lager umgewandelt; sogar primitive Baraoken waren vorhanden.

Nachdem ich und meine Leute gefrühstückt hatten, kehrten wir, ohne vom Feinde belästigt zu werden, nach Zacapoaxtla zurück.

16. August. Die Colonne unter der Führung des General Thun bestand aus der 5. Compagnie unter Hauptmann Hobza, den beiden Indianer-Compagnien von Zacapoaxtla und meiner Abtheilung, die wie gewöhnlich als Avantgarde verwendet wurde.

Wir erstiegen die Höhen westlich von Zacapoaxtla, wo wir die Gegend weit und breit übersehen konnten. Ein elender steiler Saumweg führte in das Thal hinab. Zu meinem nicht geringen Erstaunen wurde mir von den Leuten, die sich an der Tête befanden, gemeldet, dass in der Thalschlucht einige dreissig Österreicher sichtbar wären.

Nachdem ich mich von der Richtigkeit dieser Meldung überzeugt hatte, benachrichtigte ich den General, der es Anfangs, ebenso wie ich, nicht glauben wollte und bis zur Spitze der Avantgarde ritt, um sich persönlich die Überzeugung zu verschaffen, dass keine Täuschung vorliegt. Wir konnten nicht begreifen, auf welche Weise diese Leute da herabgekommen seien und neigten uns endlich dem Glauben zu, dass wir es mit verkleideten Feinden zu thun hatten. Mit der grössten Vorsicht und in gespannter Erwartung auf die Lösung dieses Räthsels stiegen wir in das Thal hinab. Wie gross aber war unsere Überraschung, als wir in den Näherkommenden den Oberlieutenant V. mit 31 Mann, die nach Huahuaxtla zu marschiren hatten, erkannten. Unbegreiflicherweise verfehlten sie den Jedermann bekannten Weg und irrten jetzt rathlos hier herum. Es war ein Glück, dass sie mit uns zusammentrafen; das kleine Häuflein wäre, trotz der tapfersten Gegenwehr, vom Feinde vernichtet worden.

Wir passirten zwei riesige Barankas, deren Böschungen so steil waren, dass alle Berittenen absitzen mussten und das Überschreiten derselben Stunden in Anspruch nahm.

Ich wurde mit meiner Abtheilung bei der zweiten Baranka als Rückhalt zurückgelassen, während der General mit dem Gros gegen Eloxochita vorrückte. Stundenlang hörte ich das Kleingewehrfeuer. Endlich kam die Colonne zurück, die Zacapoaxtecen, mit allen möglichen Kirchenrequisiten, Heiligenbildern etc. beladen, die sie in Eloxochita geraubt, um damit die Kirche von Zacapoaxtla zu schmücken.

Ausser diesen Schätzen, die ihnen die grösste Ehrfurcht einflössten, trieben sie 40 Schafe und mehrere Ochsen vor sich her.

Als General Thun, der die ganze Expedition zu Fuss mitgemacht an mir vorüber ging, sagte er:

„Diese Kerle (die Quatecomacen) sind wie ein Pfeil, den man abgeschossen hat und wieder einfangen will."

In der That ist es uns nur äusserst selten gelungen, die Leiche eines Quatecomacen zu finden, einen Lebenden haben wir niemals gefangen. Die Quatecomacen sind gross und kräftig, mit ausdrucksvollen finstern Gesichtszügen. Mit der kärglichsten Nahrung zufrieden, keine Bequemlichkeit kennend, sind sie befähigt, die grössten Strapatzen, sowie jeden physischen Schmerz mit stoischem Gleichmuthe zu ertragen.

Die Kriegführung gegen diese wilden Horden ist eine äusserst schwierige. Der in dichten Büschen kauernde und auf Baumgipfeln sitzende, vollkommen unsichtbare Feind feuert mit kaum glaublicher Sicherheit von allen Seiten in die marschirende, todtmüde Abtheilung und bringt derselben die empfindlichsten Verluste bei, ohne selbst nur einen Mann zu verlieren. Fühlen sie sich aber dem Gegner nicht gewachsen, so machen sie keinen offenen Angriff und begnügen sich.

ihn auf allen Seiten zu begleiten, Tod und Verderben in seine Reihen schleudernd.

Während des Rückmarsches hatten wir ununterbrochenen Regen, ein Wetter, bei welchem Frösche einen Schnupfen bekommen konnten.

18. August. Der Geburtstag des Kaisers von Österreich wurde durch eine Paradeausrückung und ein feierliches Hochamt in der Hauptkirche gefeiert. Die Lieutenants Pekeć und Turnretscher mit der halben 6. Compagnie nach Tesuitlan abmarschirt.

19. August. Die Bevölkerung von Comaltepec, einem Quatecomacendorfe, bildete früher die 2. Compagnie des Juan Francisco. Da aber die Entfernung von Zacapoaxtla doch zu unbedeutend war, und sie einsehen mussten, dass es nicht möglich wäre, auf die Länge der Zeit den Kaiserlichen Widerstand zu leisten, so unterwarfen sie sich dem General Thun und bildeten unter dem Commando des Capitän Nochebuena eine Compagnie in unseren Diensten. Hauptmann Miesel und ich unternahmen gerade einen Spazierritt gegen Comaltepec, als wir zu unserer Überraschung mehrere Indianerschwärme bemerkten, die von den Höhen westlich Comaltepec's hinabstiegen. Wir hatten kaum Zeit, einige Worte über diese unerwartete Erscheinung zu wechseln, als wir in einer Entfernung von kaum 300 Schritten heftig angeschossen wurden; gleichzeitig sahen wir die Bewohner von Comaltepec mit ihren Herden und Habseligkeiten gegen Zacapoaxtla flüchten und den Feind ihnen nachdrängen.

Wir beeilten uns jetzt, so schnell als möglich das Fortin zu erreichen, wo sich eine Besatzung von 11 Mann unter einem Unterofficier und ein Geschütz befand. Hauptmann Miesel blieb hier, um die Vertheidigung des Fortins gegen den mehrere hundert Mann starken Feind zu leiten, während ich in die Stadt zurückjagte, um dem General die Meldung zu erstatten und Unterstützung zu holen. Kaum hatte ich jedoch das Fortin im Rücken, als ich schon meine braven Muchachos auf dem Wege nach Comaltepec begegnete.

Ich sendete sofort einen verlässlichen Mann mit der Meldung an den General und rückte mit meiner Abtheilung vor, hielt die andrängenden Quatecomacen auf und verschaffte den gehetzten Comaltepecen Zeit, ihre Weiber, Kinder, Herden und Habseligkeiten in Sicherheit zu bringen und sich unter Commando Nochebuena's zu sammeln.

Als dies schnell genug geschehen war, schickte ich sie auf directem Wege nach Comaltepec, während ich mit meiner Abtheilung, durch die Schluchten gedeckt, dem Feinde in die rechte Flanke zu kommen trachtete.

Dieses Manöve. gelang mir vollkommen und der Feind sah sich gezwungen, Comaltepec zu verlassen. Der Ort wurde von Nochebuena und seiner Abtheilung besetzt.

Rittmeister Graf Geldern, der von Mazapa gekommen war, schloss sich mir an und machte das Gefecht zu Fuss mit.

Mittlerweile kam Verstärkung von Zacapoaxtla und das Gefecht fand seinen Abschluss mit dem Einbruch der Nacht.

Wir hatten auf unserer Seite mehrere Verwundete; vom Feinde gerieth weder ein todter noch lebender Mann in unsere Hände. Wir sahen, wie sie ihre Todten oder Verwundeten auf den Rücken nahmen und im Laufschritte, mit unbeschreiblicher Behendigkeit, die steilen hohen Berge hinaufeilten.

21. August. Um die Verbindung mit dem Major Hotze aufrecht zu erhalten, unternahm General Thun einen Streifzug über die Cumbres von Apulco nach Tetelilla.

Um 6 Uhr Früh marschirte die Colonne, bestehend aus meiner Abtheilung als Avantgarde, der 10. Compagnie und einer halben Gebirgsbatterie unter Hauptmann Graf nach Xochitlan, wo wir um 8 Uhr Nachmittags ankamen.

In Cumbres de Apulco stand Oberlieutenant Krause mit der halben 5. Compagnie als Besatzung, während die andere Hälfte der Compagnie unter Hauptmann Hobza sich in Xochitlan befand. Um 3 Uhr kam General Thun mit Bedeckung ebenfalls hier an. Am heutigen Tage war die ganze Sierra del Norte in unserem Besitze, deren Schlüsselpunkte Tesuitlan und Zacapoaxtla waren.

Im Norden hatten wir von der Tierra caliente das Gebiet bis zum Rio Tecolutla in unserer Gewalt. Major Hotze stand mit seiner Expeditionstruppe in San Pedro und der uns ergebene Oberst Morales hielt Olintla besetzt.

Perote war durch ein starkes Fort geschützt.

In Jalapa hingegen war nur Major Bernard mit 70 Mann Österreichern und 120 mexikanischen Reitern, also viel zu schwach, um eine so ausgedehnte Stadt zu schützen.

Die Strasse von Jalapa nach Veracruz war nicht gesichert, daher ein Tummelplatz für alle möglichen Banden, die von den durchziehenden Waarentransporten hohe Zölle erhoben.

In Veracruz stand Major Maréchal mit einigen französischen Gendarmen und 70 Egyptern.

Der Feind hatte die Tierra caliente von Antigua, Actopan, Misantla und Papantla im Besitze.

22. August. Die halbe 5. Compagnie schloss sich uns an und wir marschirten, unter Führung des Generalen Thun nach Xonotla.

Der Marsch ging auf unwegsamen Pfaden, unter strömendem Regen und war sehr anstrengend.

Da die Colonne in Xonotla bleiben sollte, war ich eben beschäftigt, die schwer bepackten Maulthiere abladen zu lassen, als ich den

Befehl erhielt, in einer halben Stunde zum Weitermarsche bereit zu sein. Ich liess also in Gottesnamen die Maulthiere wieder bepacken und war damit noch nicht fertig, als der General, sonst die Güte und Liebenswürdigkeit selbst, in einer recht verdriesslichen Stimmung erschien und mich ungeduldig fragte, warum meine Abtheilung noch nicht marschbereit sei.

Ich meldete, dass die Maulthiere noch nicht bepackt wären und ohne dieselben ein Fortkommen fast unmöglich sei, da wir sonst die Lebensmittel zurücklassen müssten.

„Ihre Leute werden heute die Maulthiere machen und die Lebensmittel selbst tragen," erwiderte der General in sehr barschem Tone, und als ich mir einige Gegenvorstellungen erlaubte, brach erst recht das Donnerwetter über mich los.

Verwöhnt durch die mir stets bewiesene Güte und Freundlichkeit meines unvergesslichen Chefs, fühlte ich mich tief gekränkt, und ohne mich zu besinnen rief ich den Leuten zu: „Der Herr General haben befohlen, dass Ihr heute die Maulthiere vorstellen und die Lebensmittel tragen sollt. Also vorwärts! Aufgepackt!"

Graf Thun sah mich über meine Keckheit etwas betroffen an und ging, ohne mich eines weiteren Wortes zu würdigen, zu den anderen Officieren.

Ich liess nun Lebensmittel für zwei Tage in die Kochmaschinen packen und trat mit meiner Abtheilung den Marsch nach Tetelilla an. Hinter uns ritt der General mit dem Oberstlieutenant Kodolić, dem Rittmeister de Fin und dem belgischen Oberlieutenant Dufour.

Der Weg war furchtbar schlecht; er führte unaufhörlich bergab und bergauf, und der Regen goss in Strömen. Humboldt schreibt: in den Tropen regnet es Stricke; in der That kann man sich keine Idee von der Heftigkeit eines Tropenregens machen, der nur mit einem bei uns zu Lande vorkommenden Wolkenbruch verglichen werden kann. Ein Regentag genügt, um alle Flüsse hochanschwellen zu machen und alle Niederungen unter Wasser zu setzen.

Nass bis auf die Haut und todtmüde kamen wir Abends um 6 Uhr in Tetelilla an, wo ich den Befehl erhielt, zu bleiben und für die Sicherheit des Ortes zu sorgen.

Ich stellte sogleich die nothwendigsten Postirungen aus, setzte die Kirche, in der ich meine Leute untergebracht hatte, in Vertheidigungsstand und postirte 10 Mann auf den Kirchthurm. Dann liess ich den Alkalden rufen und befahl ihm, mehrere Ortsbewohner hinauszusenden mit der Weisung, mir eine Annäherung des Feindes sofort zu melden. Um mich der Treue der Bewohner zu versichern, behielt ich die Angesehensten als Geiseln zurück.

Der General quartierte sich mit den anderen Herren in der Hütte des Alkalden ein. Noch klangen mir seine angenehmen Worte bedeutend in den Ohren und ich hatte mich während des ganzen Marsches in grosser Entfernung gehalten, indem ich ununterbrochen an der Spitze meiner Abtheilung ritt. Auch jetzt vermied ich es, in die Nähe des Generals zu kommen und hielt mich unausgesetzt bei meinen Leuten auf, fest entschlossen, nur für ihren und meinen eigenen Magen zu sorgen. Dieser Gedanke hatte etwas unbeschreiblich beruhigendes und meine Laune besserte sich bedeutend unter seinem Einflusse.

Ich liess in der Kirche Kochfeuer anzünden und die Menage bereiten. Einige Muchachos, deren besonders feine Spürnasen ich kannte sandte ich aus um Geflügel, Eier etc. etc. aufzutreiben. Sie kehrten bald in Begleitung mehrerer Indianer zurück, die für Geld und gute Worte bereit waren, uns das Gewünschte zu überlassen. Aus diesem und den mitgenommenen Vorräthen wurde ein gutes, reichliches Mahl bereitet, das uns sehr verlockend entgegenduftete. Der letzte Rest meines Grolles ging in diesem Dufte und der sehr angenehmen Überzeugung unter, dass die hohe Gesellschaft in der Hütte des Alkalden, obwohl es bereits 8 Uhr Abends war, noch voll Erwartung und Hunger auf die nach Lebensmitteln ausgesandten Kundschafter harrte, die doch nichts Anderes aufzutreiben im Stande waren, als Friesles (Bohnen) und Tortillas. Als sie endlich alle Hoffnung, etwas zu essen zu bekommen, aufgeben mussten, kam der General zu mir in die Kirche, und die Hand auf meine Schulter legend, sagte er lachend: „Aber C...., ist's denn wirklich ihre Absicht, uns heute hungern zu lassen?"

Das war wieder einer von den Augenblicken, wo ich für den Generalen, wenn er es verlangt hätte, in die Hölle gegangen wäre. Mit einer tiefen Verbeugung und ebenfalls lachend erwiderte ich mit der entsprechenden Handbewegung: „Alles, was Herr General diesen Mulos heute aufgeladen haben, steht zu Ihrer Verfügung."

Graf **Thun** reichte mir sehr heiter gestimmt die Hand, und während meine Leute in der Kirche ihre Menage verzehrten, sassen wir Officiere so lustig, als es unter den Umständen möglich war, in der Alkaldenhütte und liessen uns das Essen prächtig schmecken.

Als wir gesättigt waren, suchte Jeder ein trockenes Plätzchen, um sich nach den Anstrengungen des Tages durch ein paar Stunden Schlaf zu erholen.

Ich machte es mir in der Kirche auf der obersten Stufe des Hochaltares bequem, konnte aber nicht schlafen, da die ganze Nacht keine Ruhe war. Bald wurden die Feldwachen abgelöst, bald Patrouillen entsendet; dann konnten wieder meine Leute in ihren nassen Kleidern nicht schlafen und trockneten dieselben bei dem Feuer, wobei natürlich ihre Mäuler nicht stille standen.

23. August. Tetelilla ist ein aus ungefähr 60 sehr reinlichen Hütten bestehendes Dorf, mit einer hübschen, aus Stein erbauten Kirche. Die Bewohner, zum Stamme der Totonacen gehörend, zeichnen sich durch Schönheit und Adel der Züge, sowie durch eine auffallend helle Hautfarbe von allen anderen Indianern aus. Die Männer sind von hohem schlanken Wuchse; an den Weibern fiel mir besonders die Anmuth der Bewegungen und die seltene Lieblichkeit und Milde der Physiognomien auf. Ihre schönen schwarzen Augen haben einen tiefen, zärtlichen Ausdruck, und das dunkle Haar, bei den Männern stark, ist bei den Frauen und Mädchen seidenweich und überaus lang und reich.

Ihre Kleidung ist die denkbar einfachste; ein Stück Leinwand wird um die Hüften geschlungen und reicht von da bis zu den Knien; ein anderes Leinenstück, mit einer Öffnung in der Mitte für den Kopf, fällt zwanglos über Brust und Rücken, die schönen Körperformen nur wenig verhüllend.

Gelehrte Mexikaner behaupten, dass die Totonacen Abkömmlinge der Phönizier wären, die, durch einen räthselhaften Zufall an die mexikanische Küste verschlagen, sich hier mit den Einwohnern vermischten.

Die Leute sind ausserordentlich rein und die Seife steht bei ihnen in einem solchen Ansehen, dass sie als Münze (Klack) gebraucht wird, und das Stück einen Werth von 5—6 Kreuzern repräsentirt.

Der General kehrte mit seinem Stabe nach Zacapoaxtla zurück, während ich hier blieb und den Befehl erhielt, mich zur Disposition des Majors Hotze zu stellen und demselben 850 Pesos, die mir der General gab, zu übermitteln.

Eine Stunde, nachdem Graf Thun Tetelilla verlassen, traf von dem Oberlieutenant Popp aus Perote ein vom 21. August datirter Bericht folgenden Inhaltes ein:

„Jalapa in Gefahr genommen zu werden. General Alatorre mit 400 Mann in Naulinco; daselbst ein Gefecht stattgefunden. Lieutenant Rauscher und Regimentsarzt Dr. Hofmann gefallen.

„Major Bernard mit 40 Österreichern und 120 mexikanischen Reitern in Jalapa.

„Rittmeister Susani mit der 4. Hussaren-Escadron von Perote und Oberlieutenant Gruber mit 160 Mann von Tesuitlan nach Jalapa abmarschirt. In Tesuitlan nur ein Zug Österreicher verblieben."

Diesen wichtigen Bericht vidirte ich und machte eine Abschrift, die ich dem Major Hotze sendete, während ich das Original dem General nachschickte.

Das alte Postwesen der Azteken ist noch heute in Mexiko im Gebrauch. Man übergibt die Depesche dem Alkalden eines Ortes, schreibt auf das Couvert „Cordilleras violente", bezeichnet die Stationen, welche der Brief passiren soll, und nun wird derselbe von einem Boten von Ort zu Ort geschickt. Mir ist ein Fall bekannt, dass ein Indianer 13 deutsche Meilen in einem Zuge zurücklegte, und doch wurde mir von competenter Seite mitgetheilt, die Leute wären einer noch weit grösseren Leistung fähig. — Merkwürdig ist auch die Art, wie sie schwere Lasten tragen; der Pack hängt am Rücken in einem Tragriemen, der über die Stirne gelegt wird. Wo die Wege für unsere beladenen Maulthiere zu schmal oder zu schlecht waren, trugen die Indianer die Munition und die Bagage; selbst zerlegte Gebirgsgeschütze wurden Ihnen aufgeladen.

30. August. Seit sieben Tagen habe ich keinen ruhigen Augenblick gehabt und bin fort am Marsche. Gestern um 6 Uhr Abends kam ich in Cerro Leone an und setzte den Marsch um 2 Uhr Nachts fort. Wir wurden von einem furchtbaren Gewitter überfallen. Nie habe ich Ähnliches erlebt. Es war, als ob das Wasser mit dem Feuer um die Herrschaft stritte. Endloser Regen strömte herab und der grelle Schein der Blitze flammte uns unaufhörlich vor den Augen; der Weg war in einen reissenden Strom verwandelt. Dazu gesellte sich das ununterbrochene Rollen des Donners und das Heulen des Sturmes. Die stärksten und kräftigsten Männer unter uns erbebten und geriethen in eine nervöse Aufregung.

Um 7 Uhr Morgens kamen wir durchnässt und erschöpft nach Las Vigas. Eine halbe Stunde später rückte auch Hauptmann Miesel und Miguel Malgarejo mit seinen Indianern hier ein, und wir hatten vereint gegen La Hoya, wo General Alatorre mit 500 Mann stand, vorzurücken. Gleichzeitig hatte Major Bernard von Jalapa aus mit der 3. und 17. Compagnie, über Banderilla und S. Miguel, einen Vorstoss gegen La Hoya zu unternehmen und die Rückzugslinie Alatorre's zu bedrohen.

Nachdem wir eine kurze Rast gehalten, marschirten wir nach La Hoya, wo wir im heftigsten Regen um 1 Uhr Mittags ankamen. Alatorre hatte es aber für räthlich gehalten, eine Stunde vor unserer Ankunft den Ort zu verlassen und sich nach Tlacolulan und Naulinco zurückzuziehen.

Ohne in La Hoya zu rasten, wurde der Marsch, trotz des ununterbrochen strömenden Regens, fortgesetzt. Die 7. Compagnie und eine halbe Gebirgs-Batterie blieb in Banderilla, während die 6. Compagnie und meine Abtheilung in einem wolkenbruchartigen Regen, bis über die Knie im Wasser watend, weitermarschirten, und um 9 Uhr Abends in Jalapa ankamen.

Der Marsch hatte 19 Stunden gedauert und wäre selbst für europäische Terrainverhältnisse eine tüchtige Leistung gewesen, in Mexiko aber, wo die Gebirgsgestaltung so schroff, die Wege so schlecht sind, musste man die ausserordentliche Ausdauer der Leute wahrhaft bewundern. Die Schwierigkeiten, die man hierzulande zu bekämpfen hat, sind sehr gross. Sechs Monate des Jahres fällt kein Regen und der Wassermangel, sowie die wenigen Ortschaften, zwingen zu fünf und mehr Meilen weiten Märschen. Zuweilen ist man gezwungen, sich auf Fusssteigen fortzubewegen, die sich auf steilen, schwindelerregenden Felswänden hinziehen. In der Regenzeit, die ebenfalls sechs Monate dauert, werden die ohnehin schlechten Wege grundlos und die Bäche zu reissenden Strömen. Brücken sind keine vorhanden und man muss mit grossem Zeitverluste die Fuhrten aufsuchen. Ist man endlich an das Ziel eines Marsches gekommen, so findet man in den meisten Fällen keine oder nur die nothdürftigste Unterkunft, und die Lebensmittel können nur mit den grössten Schwierigkeiten herbeigeschafft werden.

12. September. Bewegte und ereignisreiche Tage liegen hinter mir. Märsche, Streifzüge und Kämpfe füllten sie aus, wir konnten nicht zu Athem kommen.

Am 5. September erhielt ich Marschbefehl nach Perote und marschirte Nachmittags ab. Des heftigen Regens wegen musste ich in Banderilla übernachten und kam erst den nächsten Tag um 5 Uhr Abends nach Perote, wo ich meine Bagage vorfand und den Genuss hatte, mich endlich wieder einmal in reine und trockene Kleider zu hüllen.

Um 6 Uhr Abends kam von dem Lieutenant Lefebre aus Tesuitlan die Meldung, dass die Quatecomacen und Dissidenten aus Tlapacoyan einen Überfall beabsichtigen und er bittet dringend um Unterstützung. Ich erhielt den Befehl, mit meiner Abtheilung, einem Zuge der 6. Compagnie unter Lieutenant Pekeć und den Indianern Malgarejos' sogleich nach Tesuitlan aufzubrechen.

Ich trat den Marsch um ½8 Uhr Abends an, marschirte die ganze Nacht und kam, ohne einen Augenblick gerastet zu haben, um 7 Uhr Morgens in Tesuitlan an, wo bereits alle Vorkehrungen getroffen waren, einem allenfallsigen Angriff des Feindes wirksam zu begegnen.

Wie ich schon bei einer früheren Gelegenheit erwähnt habe, befindet sich am Hauptplatze neben der Kirche ein freistehender Thurm, auf welchen wir eine Wache von 6 Mann postirten, welche die Obliegenheit hatte, uns die Annäherung des Feindes zu melden. Am 10. Sept. um 8 Uhr Früh kam ein Indianer, der zu der Thurmwarte gehörte, mit der Meldung, dass in der Richtung von Chinaugo verdächtige Gruppen zu sehen wären. Auf das hin begaben wir uns Alle auf den Thurm und beobachteten über eine Stunde die Umgebung, ohne eine Spur des Feindes zu entdecken. Wir stiegen wieder herab, Hauptmann Miesel, der am 9. September hier angekommen war, begab sich mit Turnretscher in's Bad, Pekeć in die Kaserne und ich in meine Wohnung.

In der Stadt war Wochenmarkt, zahllos waren die Landleute herbeigeströmt und der Verkehr zwischen Käufern und Verkäufern wurde mit südlicher Lebhaftigkeit und vielem Geschrei geführt. Es war zehn Uhr Vormittags; ich befand mich in meiner Wohnung und kleidete mich eben an, als ich mehrere Schüsse fallen hörte. Da ich mich aber erinnerte, dass wir einen Feiertag hatten und das Spektakelmachen und Raketenabbrennen bei jedem grösseren Gottesdienste unerlässlich ist, so nahm ich davon nicht weiter Notiz. Plötzlich aber stürzte meine Hausfrau schreckensbleich herein und rief: Senhor, les enemigos sobre la placa!

Ohne ein Wort zu verlieren, ergriff ich meinen Revolver und stürzte auf die Strasse. Von Perote her sah ich etliche dreissig Reiter herbeisprengen, die ich der Kleidung nach für die Leute des Oberstlieutenants Carillo hielt. Als ich meinen Irrthum erkannte, war es bereits zu spät und ich von allen Seiten umzingelt. Mein Revolver, den ich abfeuern wollte, versagte und ich wurde von einem derben Kerl beim Rockkragen gepackt. Ich hieb aus aller Kraft mit meinem Revolver über seine Hände, bis er mich losliess.

Es war ein Glück für mich, dass die Reiter, in der engen Gasse zusammengedrängt, von ihren Lanzen keinen Gebrauch machen konnten, und sich selbst im Wege standen. Links und rechts mit dem Revolver wuchtige Hiebe austheilend schlug ich mich bis an die Barrikaden durch, die Lieutenant Pekeć bereits besetzt hielt. Hier herrschte eine grenzenlose Verwirrung, hunderte von schreienden, heulenden Menschen drängten sich gegen den schmalen Ausgang.

Mit aller Anstrengung musste ich mir durch den aufgeregten Menschenknäuel Bahn brechen und erreichte endlich unverletzt den Platz, wo mir meine Leute bereits entgegenkamen. Unter dem stärksten feindlichen Feuer wurde die Strasse vom Feinde gesäubert, worauf Lieutenant Pekeć den westlichen, ich den südlichen Theil der Stadt besetzten, um den von dieser Seite anrückenden Feind aufzuhalten.

Mittlerweile hatte Oberst Comacho, unter fortwährendem heftigen Feuer, welches den Platz bestrich, dessen Vertheidigung Pekeć leitete, von den bei den Barrikaden überflüssigen Leuten und der Ruralgarde eine Reserve gebildet, wobei er von mehreren Civilpersonen eifrig unterstützt wurde. Hauptmann Miesel und Lieutenant Turnretscher befanden sich während dieser Vorgänge im Bade, welches von unseren Truppen durch eine feindliche Abtheilung vollkommen getrennt war. Mittelst eines Werkzeuges das ihnen die Badedienerin gab, durchbrachen sie eine Mauer und es gelang ihnen auf diese Weise und auf einem sehr beschwerlichen Umwege in nahezu adamitischem Costüme zu uns zu gelangen.

Darauf übernahm Hauptmann Miesel das Commando der Reserve, drang in die nach Jalapa führende Strasse, säuberte diese bis an die Baranka und sendete von dort aus den Führer Schmied mit 15 Mann in die Kirche Carmen, um dieselbe zu besetzen und durch ein wohlunterhaltenes Feuer, das Vordringen gegen die Kirche am Campo santo zu erleichtern.

Pekeć und ich vertrieben unterdessen den Feind vollkommen aus dem Bereiche der Stadt; er zog sich in der Stärke von 300 Mann Infanterie und 3) Reitern nach Acateno zurück, der übrige Theil zerstreute sich nach allen Richtungen. Nach Aussage der Gefangenen betrug die Stärke des Feindes 500 Mann unter Führung des Generalen Parraga, aus 100 Quatecomacen, dem regulären Bataillon Slave, der regulären Cavallerie des Obersten Ferrer und bewaffneten Rancheros.

Der Feind war von zwei Seiten vorgerückt u. z. von Mecapalco aus, in der Stärke von 200 Mann unter Oberst Ferrer; von Tlapacoyan aus mit 300 Mann unter Commando des Negers Pedro Real. Wir machten mehrere Gefangene, nach deren einstimmigen Aussagen, der Feind einen Verlust von 80 Mann erlitt. Unsere Verluste an Todten und Verwundeten waren im Verhältniss sehr gering. Im Ganzen 8 Mann, von denen zwei vermisst wurden.

Meine braven Muchachos waren die Ersten, die sich gesammelt und mit dem Rufe: „Viva l'Imperio" auf den Feind stürzten.

Im gegnerischen Lager sollen grosse Streitigkeiten ausgebrochen sein, weil Pedro Real nicht auf den General Ramon, der mit Truppen und einem Geschütze aus Papantla kam, gewartet hatte und den Angriff auf Tesuitlan allein unternahm.

Ein grosser Theil der Bevölkerung, besonders der weibliche, war beim Gottesdienste in der Kirche und wurde von uns, um weiteren Unglücksfällen vorzubeugen und die ohnehin grosse Verwirrung nicht noch zu vermehren, in derselben abgesperrt. Unter der feindlichen Cavallerie befand sich auch ein zwanzigjähriges Mädchen, das zuerst in die Stadt eindrang. Sie heisst Charra, ist aus Altotonga gebürtig und wegen ihrer Tollkühnheit berühmt. Sie soll mehrere Mordthaten verübt und einmal ganz allein acht Maulthiertreiber ausgeraubt haben. Dann entblösste sie ihren Busen und rief höhnisch lachend: „Seht her, wer Euch ausgeraubt hat."

21. September. Rittmeister Susany mit der 4. Hussaren-Escadron ist am 18. d. M., Oberstlieutenant Paul Zach, Major Schönowsky, Oberlieutenant Merrizi und Pacholik mit einer halben Gebirgsbatterie, dann die 9. und 11. Compagnie sind heute hier angekommen. Alle Truppen erhielten Marschbefehl.

22. September. Um 6 Uhr Früh marschirte die Colonne von Tesuitlan ab. Dieselbe war folgendermassen zusammengesetzt: Avantgarde unter Commando des Hauptmanns Schauer, 45 Indianer unter Capitaine Malgarejo, 80 Mann meiner Abtheilung, 40 Reiter von Chinahuapan unter Capitaine Chavez und 20 Pionniere unter Hauptmann Bideskuty. Das Gros wurde gebildet von je 100 Mann der 6., 9. und

11. Compagnie und der Gebirgsbatterie Nr. 2 mit 4 Geschützen. Der Marsch ging bei gutem Wetter, aber theilweise so schlechten Wegen, dass die Maulthiere kaum fortkommen konnten, sehr langsam vorwärts. Um 4 Uhr Nachmittags stiessen Hauptmann Schauer und Capitaine Chavez mit drei Reitern, die sich an der Spitze der Avantgarde befanden, beim Rancho Quatuseo, drei Leguas von Tlapacoyan auf ein vorgeschobenes feindliches Reiterpiquet von 12 Mann. Es waren Plateados unter Antonio Perez. Das Piquet sass auf und ergriff die Flucht; unsere Reiter verfolgten sie und Schauer und Chavez, die ausgezeichnete Pferde ritten, gelang es sie zu erreichen und drei Gefangene zu machen. Die Andern sprangen von den Pferden und flüchteten in die Gebüsche. Sämmtliche Pferde und mehrere österreichische Uhlanenwaffen wurden erbeutet. Am Sattel des Antonio Perez hing ein österreichischer Cavalleriesäbel mit dem Officiers-Portépée, was auf die Vermuthung führte, dass es der Säbel des von Perez ermordeten Rittmeisters Kurzrock gewesen sei.

Diese hübsche Waffenthat wurde von Schauer und Chavrez allein ausgeführt, die sie begleitenden Reiter kamen erst viel später.

Eine Legua vor Tlapacoyan befand sich eine, die Strasse quer absperrende Verschanzung; sie wurde genommen und die Besatzung versprengt.

Ich erhielt nun den Befehl an die Spitze der Avantgarde zu rücken und die Direction gegen Tlapacoyan zu nehmen.

Unmittelbar vor Tlapacoyan führt ein zehn Schritte breiter, sanft aufsteigender Weg durch den Urwald. Kaum hatte ich das Ende des Waldes und den höchsten Punkt des Weges, wo sich ein Maisfeld ausbreitete, erreicht, als der Feind ein heftiges Feuer eröffnete.

Nach der Heftigkeit des Feuers schätzte ich die Stärke des Feindes, der sich in einer Entfernung von 150 Schritten hinter einer Verschanzung befand, auf wenigstens 4—500 Mann. Da ein weiteres Vordringen mit meiner schwachen Abtheilung nicht möglich war, besetzte ich die Höhen und sendete eine Meldung an Oberstlieutenant Zach.

Der Versuch der 9. Compagnie unter Oberlieutenant Weber, die Position zu stürmen, misslang und sie erreichten nicht einmal den Punkt, den ich mit meinen Leuten besetzt hielt. Weber's Pferd wurde getödtet, er selbst schwer verwundet vom Kampfplatze getragen.

Nun erhielt die 11. Compagnie den Befehl, seitwärts der Strasse vorzurücken und einen neuerlichen Angriff zu unternehmen, der aber ebenso wie der frühere, vollkommen resultatlos blieb. Das Gefecht hatte eine halbe Stunde gedauert, als der Feind von einer, in unserer rechten Flanke gelegenen Höhe zu feuern begann. Da bereits ausser der 6. Compagnie, alle anderen im Feuer gewesen und mehr oder weniger erhebliche Verluste erlitten hatten, dann auch wegen der vorgerückten Tageszeit, entschloss sich Oberstlieutenant Zach das Gefecht abzubrechen.

Zwei Gebirgsgeschütze gaben über unsere Köpfe hinweg, einige wirkungslose Schüsse auf den Feind, dann wurde Vergatterung geblasen und die Compagnien zogen sich langsam aus der Gefechtslinie zurück. Unter dem Schutze der einbrechenden Dunkelheit, auf unbeschreiblich elenden Wegen marschirten wir nach Dos Cerros zurück, wobei Lieutenant La Rosé mit einem Zuge der 11. Compagnie den Rückzug deckte. Um 9 Uhr Nachts kamen wir in Dos Cerros an; in dem einzigen dort befindlichen Hause, wurden die Kranken und Verwundeten untergebracht.

Glück muss man haben, das hat sich dieses Mal wieder glänzend bewahrheitet. Der Plan war vorzüglich ausgedacht, die Dispositionen mit grosser Umsicht getroffen, es fehlte uns nichts, nur ein bischen — Glück. Wäre dieses Unternehmen gelungen, so würden grosse Vortheile für uns erwachsen sein und der Feind hätte sich nicht sobald von seiner Niederlage erholt, aber wie es in dem Liede heisst:

»Es wär' zu schön gewesen
Es hat nicht sollen sein.«

Durch das verunglückte Gefecht, durch den äusserst beschwerlichen Nachtmarsch und die Erschöpfung, die ein fünfzehnstündiger Hunger und Durst erzeugt, befand sich die Colonne in einem traurigen Zustand und die Verwirrung war gross. Artillerie, Munition, Pferde, Maulthiere und Menschen bildeten einen Knäuel, der nicht zu entwirren war. Von der 9. und 11. Compagnie waren kaum 30 Mann beisammen, die Andern blieben vor Erschöpfung am Wege liegen. Hätte uns der Feind hier überfallen, so wären wir ohne Zweifel vernichtet worden.

Die 6. Compagnie, die nicht im Gefechte war, hatte noch 60 Mann, während meine Abtheilung allein vollzählig war. Hauptmann Miesel machte mir den Vorschlag, mit ihm für die Sicherheit der Truppe zu sorgen, da unsere Leute die Einzigen seien, die noch etwas zu leisten im Stande wären. Wir kamen überein, dass er mit der 6. Compagnie den Weg nach Tlapacoyan und den Cerro südlich der Strasse, ich mit meiner Abtheilung den Cerro nördlich der Strasse und den Weg nach Guatusco besetzen soll.

Schon beim Rückzuge von Tlapacoyan hatten meine Indianer alle am Wege liegengebliebenen Waffen gesammelt und diese, sowie die Verwundeten getragen; nun wurden 10 Mann zum Anfertigen von Tragbahren für die Verwundeten commandirt und trotz der Dunkelheit der Nacht und ihrer Ermüdung, die sich endlich auch bei diesen armen Teufeln einstellte, entledigten sie sich mit Geduld und Geschick ihrer Aufgabe.

Oberstlieutenant Zach, der durch das Misslingen des Unternehmens tief verstimmt war, versammelte um 10 Uhr Nachts die Officiere und hielt folgende Ansprache:

„Der Feind frohlockt über seinen Sieg; in dem Glauben uns kampfunfähig gemacht zu haben, wird er alle Vorsichtsmassregeln ausser Acht lassen. Der Augenblick Tlapacoyan zu überfallen, dem triumphirenden Gegner die Früchte seines Sieges zu entreissen, ist günstig. Wer von Ihnen, meine Herren, ist entschlossen, dieses Wagnis mit 100 Freiwilligen zu unternehmen?"

Ein Blick auf die Leute, die sich vor Hunger, Durst und Erschöpfung kaum auf den Füssen erhalten konnten, überzeugte uns ältere Officiere, dass kaum 30 Mann im Stande wären, sich an dieser Expedition zu betheiligen und dass, selbst in dem Falle, als sich hundert Freiwillige melden würden, der Versuch mit der todtmüden ausgehungerten Schaar, den siegestrunkenen sechsmal so starken Feind aus seinen festen Positionen zu werfen, unmöglich von Erfolg sein könne. Da wir Alle schwiegen, so meldete sich der junge Lieutenant Pekeć; er fand aber nur 10 Mann, die sich bereit erklärten ihm zu folgen. Natürlich unterblieb die Sache.

Die am Wege Zurückgebliebenen rückten nach und nach ein und es wurde mit aller Energie Ordnung gemacht. Gegen Morgen hatte sich der Stand der Compagnien bedeutend vermehrt, aber der Hunger und der Durst wurden immer quälender, die Verwundeten waren dem Verschmachten nahe. Alles suchte nach Wasser; seit dem Ausmarsche von Tesuitlan hatten wir keine Nahrung, keinen Tropfen Wasser mehr bekommen.

Lieutenant Turnretscher brachte mir in einer Kochmaschine ekelerregendes Pfützenwasser, das er aus Freundschaft mit mir theilte, aber vor den Andern wie einen kostbaren Schatz verbarg. Hauptmann Miesel reichte mir eine Flasche Maraschino, die ich auf einen Zug zur Hälfte leerte.

23. September. Ich erhielt den Befehl mit den Verwundeten zuerst zurückzumarschiren und trat um 2 Uhr Nachts den Marsch an. Im Rancho Guatusco traf ich die Reiter von Chinahuapan und setzte den Rückzug bis zum Rancho Majon fort, wo der Feind signalisirt wurde. Es unterlag keinem Zweifel, dass er Tesuitlan vor uns erreichen und den Rückzug in die Stadt verhindern wollte. Ich schickte die Meldung darüber an den Oberstlieutenant Zach und bat um die Bewilligung nach Tesuitlan zu marschiren und die Stadt, in der sich nur 20 Mann unter Commando des Führers Jacinto befanden, noch vor dem Eintreffen des Feindes zu besetzen.

Ohne erst die Bewilligung abzuwarten marschirte ich gegen Tesuitlan. Kaum hatte ich die Baranka Conto überschritten, so traf ich auch schon mit einem 20 Mann starken feindlichen Schwarm zusammen, der mir den Übergang über die Baranka streitig machen wollte; nach einigen vergeblichen Anstrengungen zog er sich in die Berge zurück. Ich hielt die Baranka solange besetzt, bis der Indianer Jacinto mit seinen Leuten kam und mich ablöste, worauf ich nach Tesuitlan marschirte, wo ich um 9 Uhr Abends ankam. Zwei Tage war meine Abtheilung ununterbrochen am Marsche und im Gefechte, wobei wir 18 Leguas in versengender Hitze, ohne Nahrung, ohne Wasser zurücklegten und einen Höhenunterschied von 6000' bewältigen mussten.

8. October. Der mexikanische General Calderon kam von Jalapa hier an, um sich mit dem Oberstlieutenant Zach über die vorzunehmenden militärischen Operationen zu besprechen. Calderon ist sehr artig, aber mir keine sympathische Persönlichkeit.

13. October. Miguel Perez griff um 2 Uhr Nachts mit 300 Mann Jalacingo an. Malgarejo, welcher sich in der steinernen Kirche verschanzte, schlug den Angriff zurück. Um 7 Uhr Früh wurde ich mit meiner Abtheilung, 20 Hussaren unter Oberlieutenant Graf und 50 Mann Ruralgarden von Tesuitlan nach Jalacingo gesendet. Da eine Unterstützung Malgarejos nicht mehr nothwendig war, kehrten wir Nachmittags nach Tesuitlan zurück.

15. October. Gestern kam Carillo nach einer glücklichen Affaire hier an. Heute gaben die Officiere den Bürgern einen Ball, der sehr besucht war und glänzend ausfiel. Oberlieutenant Graf deckte mit zehn Hussaren und 20 Mann Ruralgarden bei der Baranka Conto unsere Unterhaltung.

16. October. Den Befehl erhalten, die Gefangenen auszutauschen. Ich marschirte um 5 Uhr Früh mit 15 Hussaren nach Tlapacoyan. Bei der Baranka Conto liess ich 9 Mann zurück und begab mich mit den Andern und den Gefangenen nach Dos Caminos. Dort musste ich drei Stunden warten bis unsere Gefangenen in Begleitung einer kleinen Escorte von Tlapacojan gebracht wurden. Nach der Auswechslung wurde der feindliche Officier, ein sehr hübscher artiger Mensch, von mir zu einem Imbiss eingeladen. Um 5 Uhr Abends befand ich mich wieder in Tesuitlan.

18. October. Den Befehl erhalten, nach Jalapa zu marschiren und mich dem General Calderon zur Verfügung zu stellen.

26. October. In diesen Tagen ohne Rast und Ruhe herummarschirt und nicht aus den Kleidern gekommen. Heute Nachmittags zwei Uhr traf ich in Naulinco ein. Abends erhielten wir die Nachricht, dass der Feind die Costa von Misautla bestiegen, die Indianerposten bei Dos Caminos und Conejo geworfen und Chinconquiaco eingenommen hat. Meine Lage war eine kritische; mehrere Wege führten in meine Flanken, weder die Kirche noch ein sonstiges Object ist in Nauluco zur Vertheidigung geeignet, und die früher hier befindlichen Verschanzungen, die ganz gut angelegt, waren abgetragen.

In der Nacht wurden wir benachrichtigt, dass Alatorre mit 400 Mann gegen Naulinco vorrücke. Wir standen die ganze Nacht unter den Waffen. Lieutenant Turnretscher besetzte mit 50 Mann die Ausgänge des Platzes gegen Misantla, 20 Mann wurden in die Kirche postirt, der Rest der Compagnie besetzte als Reserve den Friedhof und die Capilla Cruz verde, gleichzeitig unsere Rückzugslinie deckend. Weit ausgesendete Patrouillen sicherten mich in der Front und in der Flanke. In der Nacht hörten wir viele Schüsse fallen; wir wurden unaufhörlich alarmirt, ohne dass die ausgesandten Patrouillen auf den Feind gestossen waren. Es war finster und eisig kalt, wir froren furchtbar und waren froh, als es Morgen wurde.

Das Plateau von Naulinco erhebt sich 1000 m hoch aus der Ebene von Tenampa; ein gepflasterter Weg führt von der gleichnamigen Hazienda die ausserordentlich steile Costa hinauf, die zu ersteigen die grösste Anstrengung und einen Zeitraum von mindestens drei Stunden erfordert. Nördlich fällt das Plateau mit einem sehr steilen, bewaldeten Abhang (Costa de Misantla) gegen die Tierra caliente ab, über welche zwei Wege von Naulinco über Chiconquiaco und S. Juan nach Misanta führen. Der bedeutendste Ort am Plateau ist Naulinco mit 1800 Einwohnern und einigen recht stattlichen Gebäuden. So vortrefflich sich die Stadt zur Vertheidigung für grössere Truppenkörper eignet, so schlecht situirt ist sie für kleinere Abtheilungen.

31. October. Heute Nacht wurden wir durch feindliche Patrouillen unaufhörlich alarmirt und kamen keinen Augenblick zur Ruhe. Morgens erhielt ich den Befehl, nach Jalapa einzurücken. Es war hohe Zeit, denn die sieben in Naulinco verbrachten Tage hatten meine Leute ganz heruntergebracht. Naulinco liegt in der kalten Zone und ist von allen Seiten dem Nordwinde ausgesetzt, unter dem die Leute in ihrer leichten Kleidung sehr zu leiden hatten und Einige recht krank wurden.

9. November. Gestern um $^1/_2$ 11 Vormittags marschirte eine 300 Mann zählende Colonne unter Commando des Generals Calderon von Jalapa ab und kam um 6 Uhr Abends in dem 7 Leguas von Jalapa entfernten Rancho Otates an, wo wir die Nachricht erhielten, dass der Ort Actopan vom Feinde besetzt sei. Wir marschirten heute Früh um 6 Uhr von Otates ab, durchwateten nach einem einstündigen Marsche den Rio von Actopan. Bei der zweiten Passirung des Flusses wurden wir vom jenseitigen Ufer, aus einer neuerrichteten Verschanzung mit einer Decharge empfangen. Es gelang uns, den Feind nach einem kurzen Gefechte aus der Verschanzung zu werfen, worauf wir ihn $^3/_4$ Legua im Laufschritte bis Actopan verfolgten, um ihm nicht Zeit zu lassen, sich dort festzusetzen. Lieutenant Turnretscher wurde mit 30 Mann zur Umgehung des Feindes entsendet und trug viel zur Einnahme von Acto-

pan bei. Ein Mann von der berittenen Ruralgarde blieb todt, 1 Officier und 4 Mann wurden verwundet.

Da der Ort Actopan ganz aus Holz erbaut ist und bei einem allenfalsigen feindlichen Angriff keinen Schutz bietet, wurden die Leute in der Kirche untergebracht. Lieutenant Turnretscher und ich quartierten uns in der Sakristei ein. Ich liess einen der hier befindlichen Katafalke reinigen, mit Decken belegen und legte mich darauf, während Turnretscher es vorzog, sich auf den feuchtkalten Steinboden, den er mit Kotzen bedecken liess, zu betten. Vergebens machte ich ihn darauf aufmerksam, dass sich in wenig bewohnten, aus Stein erbauten Gebäuden der heissen Zone, giftige Korallenschlangen, riesige Tausendfüssler und Scorpione aufhalten. Ich sprach in den Wind, der Katafalk flösste ihm unüberwindlichen Abscheu ein. Kaum hatte er jedoch seine müden Glieder zur Ruhe ausgestreckt, als er mit dem Rufe: „Ein Scorpion, ein Scorpion!" wieder emporsprang. In der That marschirte ein Scorpion von riesiger Grösse, in gerader Richtung auf ihn los und sein Schrecken, beim Anblick dieses hässlichen Thieres, war nur zu gerechtfertigt, da der Biss eines Scorpions in der heissen Zone sehr gefährlich, oft sogar tödtlich werden kann. Diese Thatsache und mein Zureden bewogen ihn, nach einem harten Kampf mit sich selbst, den zweiten Katafalk zu besteigen.

12. November. Wir verliessen Actopan gestern um 7 Uhr Früh; es ging über Berge und Barankas, durch Flüsse und Urwälder, ohne Weg und Steg. Nach einem elfstündigen Marsche langten wir, ohne früher eine Hütte erblickt zu haben, in Cerro Gordo an. In der Nähe dieses Ortes passirten wir, den in einer Baranka strömenden Fluss Alesio, der hier einen prachtvollen 100 Fuss hohen Wasserfall bildet.

13. November. In Puente Nationale einem zerstörten, von seinen Einwohnern verlassenen Ort angekommen. Der Feind, 100 Mann stark, zog sich ohne Kampf zurück. Die Hitze war enorm und jede Thatkraft lähmend; eine Unzahl von Mosquitos durchschwirrte die heisse Luft und peinigte uns furchtbar. Abends erhielten wir die Nachricht, dass Alatorre Naulinco besetzt habe und Jalapa bedrohe, wo sich nur die 18. Compagnie unter Hauptmann Sebastian befindet.

18. November. Die Hitze spottet jeder Beschreibung und wir marschiren, vom Feinde, der doch nicht Stand halten will, unaufhörlich alarmirt, ohne Rast und Ruhe von Rencouado nach Cerra Gordo, Perente National, Passo de Ovejas und wieder zurück. Kaum wandten wir einem der genannten Orte den Rücken, so wurde er neuerdings vom Feinde besetzt. Der Cavallerie Calderons gelang es endlich gestern, den Feind in Passo de Ovejas so plötzlich zu überfallen, dass er nicht Zeit hatte aufzusitzen und mit Zurücklassung gesattelter Pferde, Waffen und wichtiger Papiere in den nahen Wald entfloh.

25. November. Schon seit mehreren Tagen fühle ich mich recht krank. Was würde ich für eine Stunde ungestörter Ruhe geben! An die Annehmlichkeit eines kühlen, luftigen Zimmers und eines bequemen Bettes zu denken scheint mir ebenso thöricht zu sein, wie die Hoffnung eine gute Fee würde sich meiner erbarmen und mich in ihrem Wolkenwagen entführen. Ich musste mich weiterschleppen. Mit meiner Abtheilung durchwatete ich viermal den Rio del Plan und kam um 3 Uhr Nachmittags in Jarrero an, wo ich mich mit der Colonne Calderon's, die einen andern Weg genommen hatte, wieder vereinigte. Ich quartierte mich in eine Indianerhütte ein, bekam ein reinliches Strohlager und einen frischen Trunk. Zwei allerliebste Indianermädchen pflegten mich mit der, den Frauen dieser Rasse eigenthümlichen Milde und Geduld. Aber trotzdem fühlte ich mich recht elend.

26. November. Um halb 7 Uhr Früh marschirte die Colonne ab; wir mussten fünfmal den Rio del Plan und Actopan durchwaten, passirten die von ihren Bewohnern verlassenen Ranchos Agostadero, Passo del Bovo und Picca Picca, wo wir angeschossen wurden. Eine halbe Stunde vor S. Carlos hatte der Feind einen Verhau errichtet, der den durch den Urwald führenden, ausserordentlich schmalen Weg vollkommen abschloss. Die Infanterie Calderon's ging zum Angriffe vor, wurde aber zurückgeworfen und es entstand eine allgemeine Verwirrung. Meine Compagnie, die sich an der Queue der Colonne befand, wurde stürmisch verlangt.

„Compagna C . . . . . adelante!" schrien Alle und ich bahnte mir mit meiner Abtheilung einen neuen Weg in den Urwald, umging den Verhau und drang direct auf S. Carlos los, ehe die Feinde noch Zeit gefunden hatten, sich zu sammeln. In wilder Flucht rannten sie dem Flusse zu, um sich in den bereitstehenden Booten zu retten. Sie verloren mehrere Todte und Verwundete. Soza, einer ihrer tapfersten Officiere, wurde erschossen, als er in den Fluss sprang, um hinüber zu schwimmen. Wir machten eine ausgiebige Beute an Waffen, gesattelten Pferden und wichtigen Papieren. Unsere Verluste betrugen: Von meiner Compagnie 2 Mann verwundet; von der Colonne Calderon's 3 Mann todt, 8 Mann leicht verwundet.

Der Ort S. Carlos besteht aus 50 bis 60 Holzhütten und ist durch den Fluss in zwei Hälften getheilt. Eine Furth und mehrere Boote vermitteln den Verkehr der beiden Theile des Ortes. Der Fluss ist ungefähr 40 Schritte breit und gegen 3 m tief. Da der Feind unsern Angriff von Antigua aus erwartete, so deckte er den Übergang über die Furth mit drei Verschanzungen, die wir nach Einnahme des Ortes vollständig zerstörten. Da die Entfernung S. Carlos vom Meere nur drei Leguas beträgt, so hört man, wenn der Norte (Nordsturm im mexikanischen Golfe) eintritt, deutlich das Brausen des Meeres. Auch Ebbe und

Fluth sind wahrnehmbar; wenn letztere eintritt, so ist die Furth nicht zu passiren. Im Flusse gibt es viele Seefische und Kaimans, die uns aber nicht abhielten, nach des Tages Mühen und Lasten ein erfrischendes Bad zu nehmen.

Der Ort ist rings von einem Urwald umgeben, durch welchen nur wenige schmale Wege (Veredas) führen. Eine Plage der Gegend ist die massenhaft vorkommende Picca picca, ein aus Oajaca stammendes Schlinggewächs, das, als Viehfutter verwendet, vorzüglich sein soll, sich aber anderseits auf eine äusserst unangenehme Art bemerkbar macht. Die schotenartige Frucht dieser merkwürdigen Pflanze, die im November ihre Reife erlangt, ist mit dichten Haaren bedeckt, die nur lose an ihr hängen und, vom Winde abgestreift, die Luft erfüllen. Diese Haare durchdringen alle Kleider und stechen und jucken furchtbar.

27. November. Zeitlich früh marschirten wir nach Antigua; der Feind hatte alle Boote mitgenommen und wir mussten den Fluss durchwaten. Das Wasser war sehr reissend und reichte den Leuten bis zum Halse. Mit einer Hand hielten sie die Patrontasche über den Kopf, mit der anderen hielten sie sich gegenseitig an langen Stangen fest, um nicht umgerissen zu werden. Noch schwieriger war der Transport der Maulthiere; eines davon, welches mit Zucker und Salz beladen war, wurde zu unserem nicht geringen Verdrusse von den Wellen fortgerissen. Wir hatten die angenehme Aussicht, unseren Kaffee, der unsere einzige Erquickung bildete, ohne Zucker, das ohnehin kaum geniessbare Fleisch ohne Salz zu essen.

Eine halbe Legua hinter S. Carlos, beim Rancho Aroyo Edondo, überfiel der Feind unsere Maulthiere, um sich in den Besitz der Munition und der Lebensmittel zu setzen. Wir eröffneten, ohne den Feind zu sehen, auf's Geradewohl in den Wald hinein ein heftiges Feuer, worauf er sich, ohne seine Absicht erreicht zu haben, schleunigst zurückzog. Wir durchsuchten sofort den Wald nach allen Richtungen und fanden einen Todten und einen an den Füssen Verwundeten. Der arme Teufel wurde vor den General Calderon geführt, der ihn keines Wortes, keines Blickes würdigte. Er machte nur eine leichte Bewegung mit der Hand, die von seinen Leuten sofort verstanden wurde. Ein Reiter löste den Lasso von seinem Sattel, warf die Schlinge dem Gefangenen um den Hals, das andere Ende um einen starken Baumast und ritt im Trabe eine Strecke vor, bis der Gefangene in der Luft baumelte, worauf der Lasso um den Stamm eines Baumes geschlungen und der Marsch fortgesetzt wurde. Diese ganze Scene, bei der kein Wort gesprochen wurde, und der Gefangene mit keiner Wimper zuckte, hatte sich in kaum einer Minute abgespielt und ich muss gestehen, dass diese Urwaldjustiz, trotzdem ich ziemlich abgestumpft war, dennoch einen sehr peinlichen Eindruck auf mich machte

Nachdem wir etwa 10 Minuten weiter geritten waren, sagte Calderon zu mir, er sei überzeugt, dass der Strangulirte bereits von seinen Kameraden fortgeschafft sei. Ich hielt das für absolut unmöglich, da der Wald sorgfältig untersucht wurde und wir keine Spur von einem Feinde entdeckt hatten. Calderon lächelte ironisch und forderte mich auf, die kurze Strecke mit ihm zurückzureiten, um nachzusehen.

Ich war damit einverstanden und in Begleitung eines Reiters kehrten wir zu dem Platze zurück, wo die Execution stattgefunden hatte. Der Lasso hing noch über den Ast, der Gehängte aber war spurlos verschwunden.

Als wir bald darauf in der Nähe von Antigua durch einen mässig grossen Wald ritten, frug mich Calderon, ob mir hier nichts auffalle. Da ich trotz aller Mühe nichts Besonderes wahrnehmen konnte, rief er lachend: „Sehen Sie denn nicht, dass der ganze Wald aus einem einzigen Baum besteht?" Zu meinem Erstaunen fand ich seine Worte bestätigt. Diese Tausende von Stämmen, die einen ganzen Wald bilden, bestanden nur aus einem einzigen riesigen Bayanenbaum, der selbst die Bewunderung der für Naturmerkwürdigkeiten äusserst gleichgiltigen Mexikaner erregte.

Die erste Person, der wir beim Einmarsche in die Stadt begegneten, war ein Neger in seinem höchsten Staate. Nie sah ich eine komischere Figur. Er trug eine roth und grün gestreifte Schwimmhose, kein Hemd, aber einen braunen Frack, der aus dem Anfang unseres Jahrhunderts stammte, mit kaum die Brust bedeckenden Vordertheilen und ungeheuer langen Schössen; auf dem Kopfe hatte er einen sehr hohen alten Cylinderhut und in der Hand hielt er einen Stock mit silbernem Knopfe. So schritt er gravitätisch mit dummstolzer Miene an uns vorüber. Sein Anblick erregte die grösste Heiterkeit, besonders die Indianer brachen in lautes Gelächter aus und riefen ihm Spottnamen nach. Antigua liegt am linken Ufer des gleichnamigen Flusses; hier landete Cortez im Jahre 1519 aus Cuba kommend und gründete die erste Niederlassung der Spanier. Ehemals war Antigua eine bedeutende Stadt, wie man an vielen Ruinen sehen kann, aber Vera Cruz lief ihr den Rang ab und jetzt ist Antigua ein von Mulatten, Zambos und Negern bewohntes elendes Nest, das wegen seines mörderischen Klimas mit Recht gefürchtet und gemieden wird. Der Fluss, der mit Kaimans angefüllt ist, gewährt einen wunderschönen Anblick. Üppige in allen Farben leuchtende Tropenvegetation fasst seine Ufer ein, belebt von weissen Fischreihern, Pelikanen, Papageien und Pfefferfressern.

Nachmittag machten wir einen Ausflug an das Meer, welches nur eine halbe Legua von Antigua entfernt ist. Die ganze Strecke ist mit Meeressand bedeckt, ganze Berge thürmen sich davon auf.

Nach einem mühevollen an Erlebnissen reichen Jahre, sah ich endlich wieder das freie unermessliche Meer. Ein wehmüthiges Gefühl bemächtigte sich meiner und sehnsüchtig folgten meine Blicke den vorbeisegelnden Schiffen.

28. November. Da wir zu schwach waren, um die von uns eroberten Orte besetzt zu halten, so geschah es gewöhnlich, dass der Feind, gleich nach unserem Abzuge, wieder Besitz von dem Objecte nahm, welches wir uns kurz vorher schwer erkämpft hatten.

Unsere Aufgabe sollte darin bestehen, den Feind durch öftere Niederlagen zu schwächen, zu demoralisiren und schliesslich zur Auflösung zu bringen. Der Plan wäre ganz gut gewesen, wenn man nicht Folgendes dabei vergessen hätte:

1. Dass wir auch schon ganz bedeutende Schlappen erlitten hatten, dass die Kugeln des Feindes ihr Ziel ebenso sicher trafen, wie die unseren und wir gewiss ebensoviel Verluste aufwiesen, als wir ihnen beizubringen im Stande waren.

2. Dass sie im eigenen Lande kämpften, das Terrain vollkommen kannten und von einer Idee beseelt waren, die viele Anhänger zählte und immer Ersatz für die Verlorenen fand, was in unsern sich täglich mehr lichtenden Reihen keineswegs der Fall war.

3. Dass diese fortgesetzte, sich immer wiederholende Kriegsführung die Officiere ermüdete und das Feuer und den Enthusiasmus der Manuschaft abkühlte.

Kaum waren wir einen Tag in Antigua, als wir die Nachricht erhielten, der Feind habe sich neuerdings gesammelt und in S. Carlos festgesetzt.

Wir marschirten sogleich zurück und kamen unbelästigt bis vor S. Carlos, wo uns feindliche Vorposten anschossen. Meine Compagnie rückte ohne sich aufzuhalten im Laufschritte vor, besetzte die Häuser am rechten Ufer des Flusses und unterhielt von da ein starkes ununterbrochenes Feuer auf den Feind, der die vor zwei Tagen von uns zerstörten Schanzen wieder hergestellt hatte und besetzt hielt.

Ich ertheilte dem Lieutenant Turnretscher und dem Oberjäger Ugarković den Befehl mit 40 Mann die Furth zu passiren und wenn möglich die Schanzen zu nehmen. Da das Wasser in Folge eintretender Fluth, den Leuten bis zum Halse reichte, wodurch sie dem Feinde nur sehr kleine Ziele darboten und die hohen Ufer es ermöglichten, dass ich über ihre Köpfe hinweg ein fortwährendes heftiges Feuer unterhalten konnte, erreichten sie bald ohne Verlust den todten Raum, erklimmten die Ufer und vertrieben den, durch seine früheren Niederlagen entmuthigten Feind aus den Schanzen. Wir hatten nur einen Verwundeten, den Major Cruz von Calderon's Cavallerie, während der

Feind nach Aussage mehrerer Ortsbewohner, einige Todte und Verwundete zählte.

Durch die Unvorsichtigkeit eines Indianers, der im Eifer des Gefechtes sein altes Gewehr mit drei Patronen lud, traf mich ein kleiner Unfall. Ich stand neben dem Manne, der eben sein Gewehr anlegte, als ein plötzlicher starker Krach erfolgte und wir Beide mit Gewalt zu Boden gerissen wurden, wo wir eine Weile ganz betäubt liegen blieben. Endlich ermunterte ich mich zuerst wieder und da ich glaubte von einem feindlichen Geschosse getroffen zu sein, befühlte ich mich von allen Seiten und fand zu meiner grossen Befriedigung meine Glieder unverletzt. Nur in meinem Kopfe brummte und summte es, wie in einem Bienenkorbe. Auch der Mann hatte sich unterdessen erholt und betrachtete traurig sein zerrissenes Gewehr, welches diese Detonation verursacht hatte.

7. December. Meine Leute, d. h. die Indianer, haben sich Ausschreitungen gegen die Bewohner von Passo di Ovejas durch Misshandlungen und Erpressungen schuldig gemacht und wurden deshalb bei mir verklagt. Ich habe derlei Unzukömmlichkeiten stets mit der grössten Strenge gestraft und durch diese, sowie durch Ermahnungen es so weit gebracht, dass der Ruf meiner Abtheilung auch in dieser Beziehung ein sehr guter war. Durch den Umstand, dass man höheren Ortes ganz vergessen zu haben schien, die Compagnie C...... könnte, nach monatelangem, vergeblichen Warten, Monturen, Wäsche und Geld zum Auszahlen der Gebühren an Officiere und Mannschaft brauchen, war ich in sehr missmuthiger Stimmung, die durch die, wie ich mich überzeugte, vollkommen gerechtfertigte Klage über meine Leute sehr vermehrt wurde. In der ersten Rage drohte ich, die Schuldigen standrechtlich erschiessen zu lassen, und nur auf vieles Bitten der bei der Compagnie befindlichen Österreicher, die mit den Indianern in der innigsten Kameradschaft lebten, liess ich mich bewegen, die Todesstrafe in eine andere umzuwandeln. Da mir weder Arreste noch Eisen zur Verfügung standen, der Indianer aber den Tod leichter hinnimmt, als einen Schlag, sowie es nie vorkommt, dass eine Rothhaut um Pardon bittet, so liess ich die Kerle nackt an einen Baum binden und durch mehrere Stunden den Stichen der Musquitos aussetzen. Die Andern versammelte ich um mich her und sagte ihnen im barschen Tone, dass ich den General Grafen Thun bitten werde, mir eine andere Compagnie zu geben, da ich mich, als österreichischer Officier, nicht verpflichtet fühle, Indianer zu commandiren, die ich als Diebe und Räuber kennen gelernt habe. Meine Rede wurde mit finsterem Schweigen aufgenommen, doch schien in den trotzigen Gesichtern eine gewisse Besorgnis zum Ausdrucke zu kommen, ob ich meine Drohung nicht am Ende doch wahr machen könnte.

Abends theilte mir Calderon mit, dass er morgen nach Jalapa zu reiten beabsichtige, um dienstliche Angelegenheiten zu regeln. Da auch ich dem General Grafen Thun, der sich eben in Jalapa befand, den wahrhaft grässlichen Zustand, in welchem sich Montur und Wäsche meiner Leute befand, schildern, und um Geld zur Auszahlung der schon seit Wochen rückständigen Löhnung bitten wollte, entschloss ich mich, Calderon zu begleiten und übergab das Compagnie-Commando an Lieutenant Turnretscher.

Calderon wollte zu unserem Ritte die schöne, mondhelle Nacht benützen und um 2 Uhr Früh von hier aufbrechen, um Plan, wo wir Rast zu halten beabsichtigten, noch vor der anbrechenden Tageshitze zu erreichen. Mein Pferd wartete bereits gesattelt, und nachdem ich Turnretscher noch einige Instructionen ertheilt hatte, trat ich aus der Hütte und fand zu meiner Überraschung meine ganze Indianerschaar vor derselben versammelt und mir den Ausgang wehrend. Anfangs konnte ich mir die Ursache dieses Gebahrens nicht erklären und frug erstaunt, was denn eigentlich los sei? Es entspann sich hierauf folgender wortgetreuer Dialog:

„Sie wollen die Compagnie verlassen, Capitän, aber wir geben das nicht zu, Sie dürfen nicht. Sie haben uns angeworben, wir sind Ihnen mit blindem Vertrauen überallhin gefolgt, wir gehen mit Ihnen in die Hölle, wenn Sie es befehlen, wir gehören Ihnen, aber Sie gehören dafür auch uns. Wenn wir gefehlt haben, so können Sie uns bestrafen, Niemand von uns wird sich dagegen auflehnen, aber Sie dürfen uns nicht verlassen, wir geben es nicht zu."

„„Wir dienen Alle unserem Herrn, dem Kaiser,"" erwiderte ich, wurde aber von dreissig Stimmen unterbrochen.

„Wir kennen den Kaiser nicht. Sie sind unser Hauptmann, Ihnen gehört unser Vertrauen, unsere Treue. Wenn Sie uns verlassen, gehen wir auch wo immer hin — uns bindet nichts an den Kaiser."

„„Euer Eid —""

„Wir legten ihn in Ihre Hände, Capitän, und er beruht auf Gegenseitigkeit. Wir mit Ihnen, Sie mit uns!"

„„Ihr führt verbrecherische Reden und verdient dafür den Galgen,"" antwortete ich mit grosser Strenge. „„Und nun gebt augenblicklich Raum und erwartet für Euere Frechheit die härteste Strafe.""

„Wie es Ihnen beliebt, Capitän. Wir weichen nicht von der Stelle und müssten wir Gewalt der Gewalt entgegensetzen!"

„„Aber nehmt doch Vernunft an, Leute! Meine Absicht ist es ja nicht, Euch zu verlassen. Ich will nur nach Jalapa reiten, um mit dem General zu sprechen. Euere Monturen bestehen nur noch aus Fetzen. Ihr seid ja halbnackt.""

„Leere Ausflüchte, Capitän, unsere Monturen sind vortrefflich."

„„Die seit Wochen rückständige Löhnung will ich Euch mitbringen.""

„Unnöthig, Capitän! Wir brauchen kein Geld. Zu Essen verschaffen wir uns selbst und kaufen können wir uns so nichts in diesen elenden Nestern."

Weder Drohungen noch gute Worte halfen, die Leute beharrten starrsinnig bei der Behauptung, meine Absicht sei, von Jalapa nicht wieder zurückzukehren. Um Gewalt anzuwenden, fehlten mir die Mittel, die wenigen Österreicher, die bei der Compagnie waren, liessen sich nicht blicken, ich musste daher versuchen, sie durch Güte von ihrem Unrechte zu überzeugen. Übrigens muss ich gestehen, dass mich die wilde Ergebenheit und Treue dieser Kinder einer anderen Rasse und einer anderen Hemisphäre rührte und meinen Zorn entwaffnete. Sie verlangten von mir das Ehrenwort, sie nie zu verlassen; ich gab es ihnen auch für die Zeit meines Aufenthaltes in Mexiko. Dagegen gaben auch sie mir freiwillig das Versprechen, nie wieder solche Ausschreitungen, wie die gestern vorgefallenen, zu begehen oder unter sich zu dulden. Nach Austausch dieser feierlichen Versicherungen liessen sie mich endlich ziehen. Calderon und die mexikanischen Officiere waren bei diesem Auftritte schweigende, aber höchst erstaunte Zeugen.

Es ist unbegreiflich, warum die Regierung das österreichische Corps, welches sich täglich vermindert und auf keinen Zuwachs zu hoffen hat, nicht durch Indianer zu completiren sucht und dem Feinde dadurch Kräfte entzieht, die er gegen uns benützt.

Ich kann aus Erfahrung sagen, dass sie vortreffliche Soldaten sind und weit über den anderen mexikanischen Truppen stehen. Sie sind freilich nicht ganz leicht zu behandeln und für Paraden etc. etc. fehlt ihnen jeder Sinn und mir fehlte auch die Zeit und die Lust, ihnen denselben einzuflössen. Man muss ihre Charaktereigenthümlichkeiten studiren und diesen, ohne es ihnen gerade merken zu lassen, oft Rechnung tragen; sie haben ein ausserordentlich feines Ehrgefühl, das geschont, ein tiefeingewurzeltes Misstrauen gegen Weisse, das besiegt werden muss. Einen Schlag verzeiht der Indianer niemals; jede Beleidigung sucht er mit Blut zu tilgen und nimmt den Tod mit ruhiger Würde hin. Sein gegebenes Wort ist ihm heilig und nie wird er eine gewisse Höflichkeit ausser Acht lassen und was man sich von der Roheit und Wildheit der Indianer erzählt, ist auf die Indianer Mexikos nicht anzuwenden. Ich hatte ausser diesem einemmale nie Ursache, mit meinen Muchachos unzufrieden zu sein, wir lebten uns sozusagen ineinander ein. Sie verlangten von ihrem Hauptmann, dass er auch zugleich ihr Freund sei und sich an sie gefesselt fühle, wie es auch umgekehrt der Fall war. Bei dieser Gelegenheit kann ich es nicht unterlassen, die ausserordentliche Sinnesschärfe dieser Leute hervorzuheben. An einer Stelle mitten im Urwalde genügt ein frisch abgebrochener Zweig, von der Avantgarde in den Weg gelegt, um den nachfolgenden die Richtung anzuzeigen, welchen Erstere genommen. Im dichten Gesträppe finden sie die Spur des Feindes, oft an nichts andern, als den abgebogenen Blättern und Zweigen. Im Sande, wo wir gar nichts wahrzunehmen vermochten, konnten sie genau die Fussspuren der Feinde von den unseren unterscheiden und genau angeben, das vor der und der Zeit, so und so viel Menschen und Pferde hier gegangen sind. Und diese Behauptung stellte sich stets als vollkommen richtig heraus. Um die Schärfe ihrer Augen könnte sie ein Adler beneiden; man muss sich erst an das Unglaubliche dieser Erscheinung gewöhnen, um die hohe Bedeutung derselben zu würdigen und Nutzen daraus zu ziehen.

Ebenso ausserordentlich ist der Geruch- und Gehörsinn entwickelt; das Ohr auf die Erde gelegt, sind sie im Stande, auf eine sehr bedeutende Entfernung, das Herannahen einer Reiterschaar zu verkünden und in den meisten Fällen genau die Zahl der Pferde anzugeben.

17. December. Ich kam heute von Vera-Cruz in Passo de Ovejas an. Auf unserem Ritte hatten wir durch den heftigen Norte viel zu leiden, wir vermochten kaum zu athmen. In Vera-Cruz musste ich die Wahrnehmung machen, dass die dortigen deutschen Kaufleute eine höchst erbärmliche Rolle spielen; sie schicken nämlich eine Ergebenheitsadresse nach der andern an den Kaiser und verkaufen Waffen und Munition um hohe Summen an die Dissidenten.

18. December. Heiliger Abend. Ich wohnte einem Negerballe bei und unterhielt mich köstlich. Die schwarzen Senhor's und Senhorita's erschienen im höchsten Staate, besonders die Letzteren prangten in allen denkbaren Farben und ihre Crinolinen (in Europa hörte man bereits auf sie zu tragen, in Mexiko war es die neueste Mode) erreichten geradezu unglaubliche Dimensionen. Freilich fehlte es auch nicht an solchen, die sich dem Naturzustand mehr näherten und eine Schwimmhose oder ein weites hemdartiges Gewand, dem modischen unbequemen Tand vorzogen. Alle waren sie aber seelenvergnügt und sprangen und sangen, dass die Balken krachten. Vergebens bemühten sich die besten Sänger meiner Compagnie, die rauhen Kehllaute der Negerlieder nachzuahmen, sie waren nicht im Stande diese tiefen gurgelnden Töne herauszubringen. Der Tanz bestand in einem fortwährenden Vor- und Rückwärtsgehen, wobei sich Männleins und Weibleins bei den Händen hielten Je mehr einer dabei mit den Füssen stampfen konnte, desto schöner war es.

31. December. Seit dem 25. d. M. bin ich in Puente Nacional; ich liess auf der, den Ort beherrschenden Höhe Feldverschanzungen anlegen und Baraken für die Besatzungsmannschaft errichten.

Leider mehrt sich mein Krankenstand mit jedem Tage. Puente Nacional ist seines mörderischen Klimas wegen berüchtigt, dem selbst die Mexikaner, wenn nicht gerade hier geboren, unterliegen. Ich habe 35 Fieberkranke bei der Compagnie.

Gestern um 9 Uhr Nachts kam General Calderon mit seiner Truppe und der Nachricht, dass der Feind über Rinconada und Despoblado nach S. Carlos zu marschiren beabsichtige. Calderon wollte dies verhindern und gegen Despoblado vorrücken. Nachdem ich die Verschanzungen durch die Kranken besetzen liess, schloss ich mich der Expedition an. Wir besetzten den durch den Urwald führenden Weg und legten uns, durch die Finsternis und dichte Gebüsche vollkommen gedeckt, in den Hinterhalt.

Leider beging ich den grossen Fehler, die Polizei von Jalapa, die der Expedition beigezogen wurde, an die äusserste Grenze von Rinconada zu postiren, von wo der Feind kommen sollte. Wir verharrten stundenlang in der unbequemsten Stellung kniend und liegend, ohne uns zu rühren im tiefsten Schweigen.

Endlich gewahrten wir den Feind, wir wagten kaum zu athmen, um uns nicht zu verrathen. Er kam näher und näher — da krachte ein Schuss, den der Polizeisergent in der Aufregung abgefeuert — die feindliche Colonne stutzte, machte „Kehrt Euch" und verschwand wie ein Phantom. Wüthend über die Ungeschicklichkeit des Polizisten kehrten wir nach Puente Nacional zurück.

So endet das Jahr 1865; ich verbrachte den heutigen Abend mit Turnretscher bei einem Glase Punsch. An Rückerinnerung fehlte es nicht. Das Glück war mir bis jetzt günstig gewesen, ich ging aus zahlreichen Gefechten unverletzt und nicht ohne Auszeichnung hervor und hatte, fast immer als selbständiger Commandant einen nicht unbedeutenden Wirkungskreis. Das Leben das ich führte war ein beschwerliches und gefahrvolles, aber jeder Tag war ausgefüllt, keiner ging bedeutungslos vorüber. Voll freudiger Zuversicht sah ich den Ereignissen des kommenden Jahres entgegen und blickte mit Befriedigung auf die Erlebnisse des verflossenen zurück.

4. Jänner 1866. Ich schicke heute 30 Fieberkranke nach Jalapa. Viele derselben waren auch mit Geschwüren an den Füssen behaftet, die sehr schmerzten und von Erdflöhen (Niguas) herrührten. Die Niguas sind mikroskopische Thierchen, die sich durch die Naht der Stiefel durcharbeiten, unter die Nägel der Zehen schlüpfen und dort ihre Eier legen. Die ausgekrochenen Thierchen verbreiten sich unter der Haut und verursachen die heftigsten brennenden Schmerzen und so bösartige Entzündungen, dass sie oft eine Amputation des Fusses zur Folge haben.

Heute marschirten wir nach Antigua und wurden bei Tres passos vom Feinde beschossen, warfen ihn zwar zurück, verirrten uns aber im Urwalde. Nach langem Herumirren gelangten wir endlich nach S. Francesco, einem reichen Rancho. Der Besitzer ein schöner, ernster Mestize, empfing uns freundlich und setzte uns, sowie auch den Leuten ein reiches Frühstück vor, jede Entschädigung dafür höflich aber bestimmt ablehnend. Nach kurzer Rast unter diesem gastfreundlichen Dache setzten wir unsern Marsch fort und kamen um 2 Uhr Nachmittags nach Antigua.

11. Jänner. Ausser den gewöhnlichen Streifungen, bei denen wir viel von der enormen Hitze, den Niguas, Musquitos, der Picca piccos und den Zecken zu leiden hatten, nichts von besonderer Bedeutung vorgefallen. Was die Zecken anbelangt, so kann ich es nicht unterlassen, dieselben mit einigen Worten zu erwähnen. Auch sie gehören zu den Landplagen und verursachen durch ihren Biss bösartige Geschwüre. Zecken gibt es von drei verschiedenen Gattungen: Die grösste heisst Conchuda und sucht ihre Opfer unter den Thieren, wo man sie zu Hunderten finden kann, besonders um die Ohren. Die Conchuda hat die Grösse einer Bohne und in Ermanglung von Siegellack, welches in der heissen Zone, seiner Schmelzbarkeit wegen, nicht zu gebrauchen ist, diente sie uns zum Verkleben der Briefe.

Die zweite Gattung wird Garrapata genannt und ähnelt der europäischen Schafzecke; sie peinigt Menschen und Thiere und ist die gefürchtetste von Allen. Man entfernt sie von dem Körper, indem man sie mit einer glimmenden Cigarre anbrennt und dann mit einer kleinen Zange sorgfältig entfernt. Bleibt bei dieser Operation der Kopf des Thieres in der Wunde stecken, so entsteht ein böses Geschwür.

Die dritte Art endlich ist die Pinolillo; sie ist nicht grösser als ein Stecknadelkopf und hält sich vorzugsweise im Gestrüppe auf, verschmäht aber auch den Körper des Menschen nicht und ihre Bisse erzeugen ein unbeschreiblich brennendes und juckendes Gefühl.

Diesen Plagen bin ich heute durch mein Eintreffen in Corral falso entgangen; dieser Ort liegt schon in der gemässigten Zone, wo die Herrschaft dieser abscheulichen Insecten aufhört.

31. Jänner. Meine Compagnie wurde des grossen Krankenstandes wegen in die tierra templada versetzt. Es war hohe Zeit, denn binnen zwei Monaten hatte ich 50 Kranke dem Spitale übergeben.

13. Februar. Ich bin heute mit meiner Compagnie nach fünf beschwerlichen Märschen in Puebla angekommen. Es ist ein sonderbares Gefühl, wenn man so lange im Urwalde oder in elenden Indianerdörfern gelebt — sich wieder in einer grossen schönen Stadt und unter gebildeten eleganten Menschen zu befinden. Es erschien mir wie ein Traum; ich fürchtete plötzlich wieder unter dem glühenden Himmelsstrich,

umschwirrt von Musquitos auf dem schmutzigen Lehmboden einer armseligen Hütte oder auf nackter Erde zu erwachen. Erst nach und nach gewöhnte ich mich wieder an das gesellige heitere Leben, welches hier herrscht und nahm lebhaften Antheil daran. Auch meinen Leuten geht es gut; die Mexikaner sind stolz auf sie und behandeln sie mit der grössten Zuvorkommenheit. Ich habe 36 Tapferkeitsmedaillen bei meiner Compagnie, 2 goldene, 10 silberne und 24 bronzene.

21. Februar. Meine Compagnie hat einen bedeutenden Zuwachs durch die Assentirung von 39 Kriegsgefangenen von Oajaca und 20 Gefangenen vom Corps des Porfirio Diaz erhalten. Die ganze Compagnie wurde nach österreichischem Muster adjustirt, mit dem Unterschiede, dass meine Leute statt Mäntel Serapen, statt hohen Filzhüten niedere mit breiter Krempe und statt Ledergamaschen, solche von Leinwand erhielten.* Da an Tornistern kein Vorrath vorhanden war, mussten Brodsäcke dieselben ersetzen.

Die grössten Schwierigkeiten bereitete uns die Beschuhung, da für die ausserordentlich kleinen Füsse der Indianer, selbst die kleinste Nummer der für die österreichischen Soldaten vorräthigen Schuhe viel zu gross waren. Mit vieler Mühe gelang es mir endlich, von der französischen Verwaltungs-Commission Schuhe auszufassen, deren kleinste Gattung meinen Leuten passte und in jeder Beziehung den österreichischen vorzuziehen war. Bei der französischen Fussbekleidung kommen Schuhdrücke fast niemals vor; die Schuhe reichen nur bis an die Knöchel und das Oberleder ist sehr weich. Mittelst einer enganliegenden Leinwandgamasche mit einer breiten Strupfe wird ein fester Halt erzielt, ohne den Fuss im mindesten zu drücken. Sie werden nach 28 verschiedenen Formen verfertigt.

25. Februar. Einen Ausflug nach Cholula gemacht und die berühmte Ruine von Teokalli besichtigt. Cholula hatte zur Zeit der Eroberung durch Ferdinand Cortez eine Bevölkerung von 150.000 Einwohnern, die jetzt auf 5000 gesunken ist und nebst Ackerbau die Fabrication grober Baumwollstoffe betreibt. Die Stadt war einst der Hauptsitz des Aztekencultus; unter den Denkmälern aus jener Zeit ist besonders merkwürdig der zu Ehren des Gottes Quetzaltoacl erbaute Teokalli; eine Riesenpyramide aus Backsteinen, die auf einer Grundfläche von 44 Morgen Land in vier übereinandergeschichteten Abtheilungen 53 m hoch emporsteigt. Obwohl das Aztekenmonument bei Cholula nur den dritten Theil der Höhe der berühmten Pyramide des Cheops bei Gizeh in der lybischen Wüste erreicht, so ist seine Basis doch doppelt so breit und steht ihr an Erhabenheit nicht nach. Der Gipfel hat einen Flächengehalt von mindestens 20 Quadratfuss. Hinsichtlich des Zweckes und Gebrauches dieses riesenhaften Bauwerkes steht man vor einem Räthsel. Die Thorwege von Rom und Athen, die Pyramiden in der

egyptischen Ebene sprechen beredt zu uns von einer glorreichen Vergangenheit, von untergegangenen Völkern, von weisen Priestern und grossen Königen; über den Ruinen der neuen Welt schwebt tiefes Schweigen, so unergründlich wie die Tiefen unter diesen Tempeln und Gräbern.

Wohl hat man eine Todtenkammer in Teokalli gefunden, die zwei Skelette, einige Götzenbilder und Thongefässe enthielt, eine Treppenflucht soll in unterirdische Gemächer hinabführen, welche wegen ihrer Tiefe, Finsternis und widerlichen Ausdünstungen noch ganz unerforscht sind und der Volksglaube nimmt die Versicherung an, dass in den Gewölben unermessliche Schätze verborgen seien. Als die Spanier in das Land drangen, zerstörten sie den Tempel, welcher die Pyramide krönte und erbauten an Stelle des, dem „grossen gütigen und gerechten Gotte" der Azteken geweihten Heiligthume, eine Kirche, die jetzt fast auch schon in Trümmern liegt (Nostra Senhora de los Remedios), von deren Glockenthurme das staunende Auge weit über die Hochebene von Cholula und ihre Trümmerfelder schweift, die sich Stunden breit und Stunden lang erstrecken, Zeugnis gebend, von einer seit Jahrtausenden versunkenen Welt und ihrer Cultur, deren Schleier zu lüften bis jetzt den Forschungen der Geschichte und Volkskunde nicht gelungen ist.

5. März. Das Räuberunwesen hat in letzter Zeit wieder sehr zugenommen; so wurde Lieutenant Christofowicz, der mit zwei Mann Escorte mit der Post nach Mexiko reiste, überfallen und um 6000 Peso leichter gemacht. Der belgische General Fury, der in Begleitung von sechs Officieren nach Mexiko kam, um den Kaiser den Tod seines Schwiegervaters, des Königs Leopold I. von Belgien und die Thronbesteigung Leopold II. anzuzeigen, wurde auf der Rückreise von mehr als 30 Räubern überfallen. Die Officiere vertheidigten sich mannhaft. Der Ordonnanzofficier des Prinzen von Belgien, Baron d'Huart, wurde getödtet, Lieutenant Maréchal schwer verwundet.

18. März. Heute um 8 Uhr Früh marschirte ich mit meiner Compagnie und 30 Hussaren unter Oberlieutenant Mocker als Escorte von 160 Verbrechern und 400 eingefangenen Rekruten nach Yucatan, dem Deportationsorte von Mexiko, ab.

Während die Ersteren strafweise dorthin verbannt wurden, gingen die Letzteren um Kriegsdienste zu leisten und so wie Jene am gelben Fieber zu Grunde zu gehen. Es lässt sich denken, dass die Einen so gerne gingen wie die Andern. Um sie am Entweichen zu verhindern, waren sie mit Stangen und starken Stricken, die den armen Teufeln in's Fleisch schnitten, neben und hintereinander fest zusammengebunden; eine ganze Schaar heulender und klagender Weiber mit Kindern folgten dem Zuge, der einem afrikanischen Sclaventransporte glich und in den Orten, die wir passiren mussten, alle Bewohner an Fenster und Hausthüren lockte. Die Leute schlugen die Hände über den Kopf zusammen. Mancher begrüsste unter den Gefangenen einen Freund oder Verwandten, wollte sich hinzudrängen und musste von der Bewachungsmannschaft mit Gewalt zurückgedrängt werden, was immer von Neuem widerliche Scenen verursachte. Eine enorme Hitze und ein furchtbarer Staub erschwerten diesen trostlosen Marsch, der zu meinen unangenehmsten Erinnerungen gehört. Um die Mittagszeit erreichten wir Amazog. Die Gefangenen und ihre Escorte wurden in einem unbedeckten, nur von einer 2½ Meter hohen Mauer umgebenen Hofraum untergebracht. Ich protestirte dagegen ebenso aus Gründen der Menschlichkeit, als der Vorsicht. Erstens hielt ich es für barbarisch, die Leute den senkrecht auf ihre Köpfe fallenden Strahlen der tropischen Mittagssonne preiszugeben und zweitens schien es mir nicht nur möglich, sondern auch verzeihlich, wenn meine grösstentheils aus Mexikanern bestehende Manuschaft, von denen Einer oder der Andere einen Bruder oder Verwandten unter den Gefangenen hatte, demselben zur Flucht verhalf.

Ich hatte deshalb mit dem Obercommandanten des Zuges, General Casanova, einen sehr unangenehmen Auftritt, da ich gezwungen war, ihm unumwunden zu sagen, dass er wohl das Obercommando führe und ich mich seinen Anordnungen zu fügen habe, aber überzeugt sei, wenn es einem Theil der Gefangenen — die Rekruten waren ja auch nichts anderes — gelingen würde, zu entfliehen, es der General so drehen und wenden möchte, dass alle Schuld auf mich fiele.

Casanova verliess mich im heftigsten Zorne und scheint augenblicklich nach Puebla geritten zu sein oder einen Bericht dahin gesandt haben, denn am Abend erhielt ich von Puebla folgendes Schreiben:

„Mein lieber C.!

Herr General Casanova hat sich beklagt, dass Du Dich seinen Anordnungen nicht fügen willst. Ich glaube, dass die Differenzen in dem Umstande liegen, dass Herr General Casanova Sachen verlangt, die gegen unser Reglement sind. — Dieses muss aufrecht erhalten werden, andererseits überlasse ich es Deinem oft bewährtem Takte, die Dir auferlegte Aufgabe zu Ende zu führen

Herr Oberst Herrera schreibt unter Einem an General Casanova, dass er von Dir und Deinen Leuten nichts verlangen soll, was gegen unsern Usus verstösst. — Der Herr General sagt gar nicht, in was diese Differenzen bestehen, es ist daher schwer, von hier aus eine Entscheidung zu geben. Es wäre gut, wenn Du alles Vorgefallene tagesjournalartig aufnotiren würdest, denn es könnte sein, dass General Casanova beim Kriegs-Ministerium und Sr. Majestät Beschwerde führt. Für solche Fälle muss man sich die Gegenerwiderung bereit halten.

General Casanova meint, wenn Du Dich seinen Anordnungen nicht fügen wolltest, wenn er ginge, und Du übernähmest das Commando, gleichzeitig aber auch die Verantwortung.

Inwieferne Du dieses auf Dich nehmen kannst, überlasse ich Deiner Einsicht.

Mit herzlichen Grüssen Dein ergebener Freund

De Fin, Major.

21. März. Nach einem zweitägigen Marsche kamen wir heute in Canhada an. Meine Mission wird mir täglich unleidlicher und ich befinde mich in einer Aufregung, wie ich sie bei den grössten Gefahren nicht gefühlt habe. General Casanova lässt sich nicht sehen und die ganze Verantwortung lastet auf mir. Meine Leute gehen wie die Mondsüchtigen herum und schlafen während des Marschirens ein.

22. März. Trotz aller meiner Vorsicht, meiner immerwährenden Aufmerksamkeit, konnte ich meine Mission nicht ohne einen mir höchst unangenehmen Zwischenfall zu Ende führen. Wir kamen gestern um 2 Uhr Nachmittags in Acalzingo an. Ich selbst suchte ein Haus aus, welches mir zur Unterbringung der Gefangenen fest und sicher genug erschien. Vor das Gebäude, das in der Front nur zwei Thüren und gar keine Fenster hatte, postirte ich eine 40 Mann starke Wache, die drei Schildwachen bei den zwei Ausgängen unterhielt. Wachcommandant war mein alter braver Führer Lorenz und Patrouilleuführer Schneiser. Niemals glaubte ich die Gefangenen so sicher untergebracht und bewacht, wie eben heute; trotzdem sah ich aber jede Stunde selbst nach, ob meine Anordnungen pünktlich erfüllt werden. Um Mitternacht überwältigte mich derart der Schlaf, dass ich, mit dem Rücken gegen einen Baumstamm gelehnt, fest einschlief.

Um 1 Uhr wurde ich von dem Oberjäger Ugarković mit der Nachricht geweckt, dass es 37 Gefangenen gelungen wäre, zu entweichen. Im ersten Moment stand ich wie erstarrt, dann raffte ich mich auf und eilte an den Thatort. Die Nacht war finster und stürmisch, wie geschaffen für ein solches Unternehmen. Ich fand, dass das Haus, welches den Eindruck der Sicherheit und Festigkeit machte, aus ungebrannten Ziegeln erbaut und mit Mörtel schön verputzt sei. Mit ihren Nägeln hatten die Gefangenen in der Hinterwand ein Loch gekratzt, durch welches es ihnen gelang, trotz der vielen Schildwachen, unter dem Schutze der finsteren regnerischen Nacht zu entfliehen.

Ich unterdrückte mit Heroismus meine Wuth und heuchelte eine Ruhe, die mir nie ferner lag. Die Unterofficiere von der Wache liess ich ablösen und als Arrestanten behandeln, dann liess ich die Richter rufen und ertheilte ihnen den Auftrag die angrenzenden Ortschaften von der Entweichung der Verbrecher zu avisiren und sandte starke

Patrullen nach allen Richtungen aus. Ich hegte nicht die geringste Hoffnung die Flüchtigen einzufangen; Aculcingo ist im Süden von dem Hochgebirge der Sierra Zongolica, im Norden von den Abfällen der Sierra Negra begrenzt. Sie hatten jedenfalls ihre Flucht dorthin gelenkt und während wir Vorbereitungen zu ihrer Verfolgung trafen, waren sie längst in Sicherheit.

23. März. Nach einem siebenstündigen Marsche langten wir um 1 Uhr Nachmittags in Orizaba an. Hier erreichte meine unangenehme Mission ein Ende. Ich erstattete von dem Vorgefallenen sogleich einen Bericht an das Corpscommando, gleichzeitig schrieb auch Major Alfred Klein an den General Grafen Thun, da er sich durch den Augenschein von meiner, fast nicht zu überwältigenden, schweren Aufgabe überzeugt hatte. Ich erwartete mit der Ruhe „die der Unschuld ziemt" die Folgen meines Missgeschickes. Orizaba ist eine ganz hübsche Stadt zwischen Veracruz und Mexiko am südlichen Abhang des Citlaltepetl 1230 m hoch am Rio Blanco gelegen. Die Häuser sind alle aus Stein erbaut, gross und hübsch, die Strassen gut gepflastert und sehr rein. Orizaba zählt 38.000 Einwohner, die einen bedeutenden Handel mit Zuckerrohr, Tabak, Reis und Kaffee betreiben. Der Verkehr mit Mexiko und Veracruz ist bedeutend und wird durch die bereits damals in Bau begriffene Eisenbahn, noch sehr gehoben worden sein.

24. März. Mein Patrullenführer Juan Rodriguez, ein achtzehnjähriger bildhübscher Bursche, der sich bereits zwei Decorationen durch sein Verhalten vor dem Feind, verdient hatte, verwundete schwer einen Civilisten, der ihn Traidor (Verräther) genannt. Juan Rodriguez, wie alle Indianer, ein geborner Redner, vertheidigte sich vor dem Kriegsgerichte mit solchem Schwunge, solch' überzeugender Kraft, dass er nicht nur losgesprochen, sondern auch belobt wurde.

4. April. Major Klein theilte mir mit, dass er dem Corpscommando den Vorschlag gemacht hat, mich mit der Pacificirung der Sierra Zongolica zu betrauen. Einige Monate früher hatte man den Oberstlieutenant P. dorthin entsendet, doch war demselben die Pacificirung nicht gelungen, auch ich schmeichelte mir nicht mit der Hoffnung auf Erfolg.

6. April. Der Vorschlag des Major Klein wurde angenommen und ich zur Pacificirung der Sierra Zongolica bestimmt. Ich bemühte mich soviel als möglich Erkundigungen über die Verhältnisse in diesem Districte einzuziehen. Es existirten keine Karten und Oberstlieutenant P. hatte weder Skizzen, noch irgend welche Notizen mitgebracht. Ich verfiel auf die abenteuerliche Idee, mich verkleidet unter das Volk zu mischen und in den Wirthshausspelunken Orizaba's herumzutreiben, überzeugt hier am besten die mir so nothwendigen Auskünfte zu erhalten. Es ist dies ein ziemlich gefährliches Unternehmen, bei dem man sich ganz auf die eigene Kraft, auf sein Messer und seinen Revolver verlassen muss. In diesen Schenken lernte ich die ganze Stufenleiter der mexikanischen Gauner kennen, vom Lepero (Lazarone Mexiko's) bis zu der vornehmen Spitzbubenclasse, der Ladrones a Caballo oder berittenen Strassenräuber. In diesen schmutzigen Höhlen findet man Männer, Weiber und Kinder in Serapes gewickelt beim Kartenspiele, gewaltig rauchend, trinkend, zankend und sich prügelnd. Mit diesen Caballeros musste ich viele Händedrücke wechseln und viele Dutzend Krüge Pulque mussten auf meine Rechnung geleert werden, bis es mir endlich gelang, soviel Notizen zu sammeln, um eine äusserst primitive Karte der Sierra Zongolica zu entwerfen.

7. April. Um keine Aufmerksamkeit zu erregen und mich vor jedem Verrathe zu sichern, sandte ich meine Compagnie und die mir zugetheilte Mannschaft bei einbrechender Nacht, auf grossen Umwegen, nach Tilapa, einen Ort, den ich als Sammlungsplatz und Ausgangspunkt der Expedition wählte. Mein Detachement bestand aus 145 Mann meiner Compagnie, 30 Indianern von Maltrata und 25 Indianern unter dem Parteiführer Amador. Eine finstere, regnerische Nacht erschwerte den Anfang unseres Unternehmens.

9. April. Ich sandte an das Districts-Commando folgenden Bericht:

„E. Nr. 44.   Tequila, am 9. April 1866.

Nachdem ich vorgestern, d. h. am 7. d. M. um 9 Uhr Abends, von Orizaba abmarschirte, vereinigte ich mich mit 60 Mann einheimischer Truppen unter Amador in Tilapa.

Die finstere Nacht und der heftige Regen verhinderten mich, weiter vorzurücken; ich blieb deshalb mit meiner Abtheilung im Orte Tilapa und schickte 30 Indianer weiter vor, welche bis San Andres Tenejapan kamen und diesen Ort besetzten.

Am 8. April rückte ich 4 Uhr Früh von Tilapa ab; von San Andres Tenejapan bildete die aus 25 Mann bestehende Abtheilung Amador's die Avantgarde, während die Indianer von Maltrata zur Deckung meiner rechten Flanke auf dem kürzeren, aber sehr schlechten Saumwege vorausgeschickt wurden.

Gegen ausserordentliche Terrainschwierigkeiten kämpfend, erreichte ich um 10 Uhr Vormittags die Höhen von Tequila und fand in den von dem Feinde verlassenen Verschanzungen noch glimmende Feuerstellen und Kochgeschirre mit Speiseresten, die aber von den Indianern, aus Furcht vor Vergiftung, vernichtet wurden. Nach Meldungen der Einwohner von Tequila hatte der Feind unser Anrücken in Erfahrung gebracht, und sich unmittelbar vor unserer Ankunft in grösster Eile gegen die Stadt Zongolica zurückgezogen.

Da Tequila in einem tiefen Kessel liegt und von bedeutenden Höhen dominirt wird, so ist die Besetzung dieses Ortes vollkommen zwecklos.

Soeben langt die Nachricht ein, dass der Feind die Orte Los-Reyes, Atempa und S. Sebastian besetzt hält und auf den Höhen Verschanzungen errichtet, von wo aus er sowohl Zongolica, als auch Tlanedpaquila mit Erfolg decken kann

Um sich einen Erfolg mit einiger Sicherheit versprechen zu können, wäre es nothwendig, dass gleichzeitig mit meiner gegen Zongolica vorrückenden Colonne, auch von Cordova und Tejuacan operirt wird, wo es möglicherweise in einigen Tagen gelingen würde, auch in diesen Gegenden, das Ansehen der kaiserlichen Waffen zu sichern.

Ich zeige ferner an, dass weder die Truppen Amadar's noch die Indianer von Maltrata mit Reservemunition versehen sind."

10. April. Vom Districts-Commando in Orizaba folgende Antwort erhalten:

„Plan und Meldung waren durch Ihre Genauigkeit sehr willkommen und sind von grossem Werthe.

Nach genauer Erwägung und Besprechung mit dem hiesigen Subpräfecten sehe ich jedoch die Nothwendigkeit ein, Tequila trotz der taktisch ungünstigen Lage besetzt zu halten und zwar aus politischen Gründen.

Auch hat es die Stimmung der Bevölkerung sehr gehoben, dass in der Richtung endlich einmal etwas geschehen ist.

Von Tejuacan werden die Dissidenten durch die bewaffneten Ortschaften und durch eine circa 80 Mann starke Ruralgarde in Schach gehalten.

In Tuxpango stellt der Präfect eine Rural-Cavallerie-Abtheilung auf. Eine Vorrückung von Tequila gegen Zongolica scheint mir nicht angezeigt, doch das Besetzthalten von Tequila von grösserem Nutzen.

Die Verbindung wird erhalten durch 10—12 Mann der findigsten Leute der Guarda seguridad.

Mittwoch den 11. d. M. Früh schicke ich einen Officier mit 50 Mann zur Ablösung der Compagnie des Herrn Hauptmanns, welcher dann die Position dem Officier übergeben und hieher einrücken wolle.

Alle mexikanischen Truppen bleiben dort.

K l e i n, Major."

Tequila ist ein echtes Indianerdorf, besitzt aber doch drei steinerne Gebäude, eine grosse Kirche mit einem durch das Erdbeben zerstörten, jetzt wieder im Bau begriffenen Thurme, ein Pfarr- und ein Gemeindehaus. Der Ort liegt in einem tiefen Gebirgskessel und ist rings von hohen bewaldeten Höhen eingeschlossen.

Lieutenant Turnretscher, ich und 20 Mann waren im Pfarrhause, der Rest im Gemeindehause und Kirche einquartirt. Der Alkalde versorgte uns gegen baare Bezahlung mit Lebensmittel und erhielt den Befehl, durch ortskundige Leute alle nach Tequila führenden Wege beobachten zu lassen und mir jede Annäherung des Feindes sofort zu melden.

Ich traf alle Vorsichtsmassregeln, um nicht in diesem Loche, das einer Mausfalle glich, überrumpelt zu werden und sandte Patrouillen und als Bauern verkleidete Soldaten nach allen Richtungen aus.

Der Pfarrer, bei dem wir wohnten, flösste uns wenig Vertrauen ein; er hatte eine unangenehme Physiognomie, obwohl er sehr freundlich that und uns zum Speisen einlud, konnten wir uns nicht mit ihm befreunden.

Er hatte eine junge, ziemlich hübsche Wirthschafterin und eine Schaar wilder ungewaschener Rangen, gab ihnen sans gêne den süssen Vaternamen.

11. April. Lieutenant Della Sala mit 50 Mann der 15. Compagnie in Tequila angekommen und den Befehl gebracht, dass ich nach Orizaba einrücken soll, um nach Jalapa zu marschiren.

An das Districts-Commando folgenden Bericht erstattet.

Tequila, 11. April 1866.

„Gestern stand der Feind 155 Mann in Atlanca, wo er den Weg verbarrikadirte, die Höhen besetzte und Miene machte, sich zu vertheidigen. 22 Mann sind ihm vorgestern desertirt. Gestern bekam er Nachricht von unserem Vorrücken; ein panischer Schrecken ergriff ihn und er zog sich mit seinen demoralisirten ausgehungerton Schaaren nach San-Juan-Technaca zurück, aus Furcht, von uns abgeschnitten zu werden.

Wahrscheinlich wird er in die Sierra Zapalteca gehen, sobald wir in Zongolica erscheinen; seine Truppe ist derart demoralisirt, dass ihm neuerdings 20 Mann desertirten. Ich habe die Indianer von Maltrata und die von Amador vorgeschickt, um den Ort zu besetzen und mein Vorrücken gegen Zongolica abzuwarten, wo ich dann Los Reyes und San-Juan-Techuaca mit Detachements occupiren werde In Tequila lasse ich einen Zug meiner Truppen zurück.

Durch die offensive Bewegung hoffe ich in ein paar Tagen die ganze Sierra Zongolica zu pacificiren, natürlich müsste sie dann aber auch besetzt bleiben. Es ist möglich, dass ich meinen Marsch nach Zongolica noch heute antrete, um den Feind Morgen in Techuaca aufzusuchen.

Nach eingezogenen genauen Erkundigungen bei den Alkalden und den Einwohnern verliert der Feind durch die Besetzung des Weges Orizaba-Zongolica an monatlichen Einnahmen: Tequila 350 Peso, Magdalena 30, Soledad 50, San Martin 60, Atlanca 30, Los Reyes 50, Zongolica 600—2000 auch noch mehr, San-Juan-Techuaca 1200 Pesos, welches Geld für die Verpflegung seiner Truppen ausreichte.

Ich habe heute einen Befehl des Districts-Commandos erhalten, und wurden mir 50 Mann unter Commando des Lieutenants Della Sala zugesendet, an welche ich den Ort übergeben und mich dann nach Orizaba zurückziehen soll. Wie die Sachen in der Sierra Zongolica jetzt stehen, kann ich mich nur dann nach Orizaba zurückziehen, wenn ich einen bestimmten Befehl hiezu erhalte, in diesem Falle müsste er heute Abends oder in der Nacht hier eintreffen weil ich Morgen schon Zongolica besetzt haben werde.

Nach Vernichtung oder Versprengung des Feindes, und bis die Einheimischen der Umgebung halbwegs organisirt sind, werde ich Tequila, San Martin, Los Reyes und Zongolica durch dieselben besetzen lassen, wo dann unsere Truppen, ohne etwas für die Sicherheit der hiesigen Gegend befürchten zu müssen, anderwärts verwendet werden können."

Darauf erhielt ich vom Districts-Commando folgenden Bescheid:

„Soeben erhielt ich die Meldung von heute Früh. Ich habe den Befehl zum Einrücken der Compagnie nur gegeben, weil dieselbe nach Jalapa zu marschiren hat und telegraphirte nach Puebla, ob sie nicht hier bleiben könne, habe aber noch keine Antwort erhalten. Wenn dort so besonders günstige Aussichten auf Erfolg vorhanden sind, so sehe ich vollkommen ein, dass die Abberufung der Compagnie in diesem Augenblicke ein grosser Missgriff wäre, besonders wenn sich die Sache in einigen Tagen zu unseren Gunsten abwickeln würde.

Mir von hier aus selbst ein Urtheil über den mir als vollkommen sicher geschilderten Erfolg zu bilden und ganz bestimmte Befehle zu ertheilen, ist absolut unmöglich und es bleibt daher dem Ermessen des Herrn Hauptmanns überlassen, sein Project zur Durchführung zu bringen oder es aufzugeben. Letzteres in dem Falle, wenn es eine Sache unvorherzuberechnender, Wochen in Anspruch nehmender Arbeit wäre, Ersteres aber, wenn die Gewissheit, das Werk in einigen Tagen vollendet zu sehen, wirklich so zweifellos ist. Dann würde vielleicht das Dortbleiben der halben 15. Compagnie genügen, um vereint mit den Leuten Amador's und den Ruraltruppen die Pacificirung zu vollenden und die Compagnie Cz. könnte getrost vorrücken.

Orizaba, 11. April 1866.   Alfred Klein, Major."

13. April. Ich schickte die mir beigegebenen 38 Indianer von Maltrata und die 25 Mann von Amador's nach Atlanca, um die dort befindlichen, vom Feinde bereits geräumten Verschanzungen zu demoliren.

Am 12. d. M. trat ich mit meiner Compagnie den Marsch nach Atlanca an und vereinigte mich hier mit den vorausgeschickten 63 Mann. Als ich eine Legua hinter Atlanca die Cumbres überstieg, fanden wir die zweite Reihe von Verschanzungen; auch diese wurden vom Feinde ohne Kampf geräumt.

Ein wahrhaft herrlicher Anblick bot sich unseren Augen dar. Hunderte von Kuppen immer an Höhe abnehmend, verlieren sich in die Tierra caliente, die als eine unabsehbare Ebene bis zum mexikanischen Golfe sich ausdehnt. Im Norden erhebt sich der Pic von Orizaba (Citlaltepetl) und die gigantische Sierra negra mit ihren schroffen dunklen Felsmassen.

Um 12 Uhr Mittags langte ich in Zongolica an, fand die Stadt sowohl, als das auf einem hohen Berge gelegene Fort verlassen und brachte in Erfahrung, dass sich der Feind erst vor zwei Stunden gegen Techuaca zurückgezogen habe.

Die Stadt liegt rings von Bergen umgeben, in einem tiefen Kessel und zählt 2000 Einwohner.

Der Berg, auf welchem sich das Fort befindet, ist über 300 Meter hoch und sehr steil; ich liess das Fort sogleich mit 25 Mann besetzen. Der Rest der Truppe blieb im Orte.

Der Feind zieht sich immer mehr zurück und nach Aussage der Deserteure herrsche eine grosse Demoralisation in seinen Reihen.

25 feindliche Ueberläufer habe ich bei der Truppe Amador's eingetheilt, sie brachten Waffen und Munition mit sich.

Amador errichtet eine Guardia Rural, das Unternehmen ist vom besten Erfolge begleitet.

15. April. Da für Zongolica keine Gefahr vorhanden war, übergab ich das Commando an Amador und trat heute um 6 Uhr Früh mit meiner Compagnie den Rückmarsch nach Tequila an; ich nahm den Weg über Atempa, einem kleinen Indianerdorfe. Trotz den enormen Höhen, die wir übersteigen mussten, ging der Marsch flott von statten; meine Indianer hatten, natürlich ohne meinem Wissen, aus dem Blasebalg der Orgel der Kirche von Zongolica Sandalen gemacht, die einen besonderen Zauber auf sie auszuüben schienen. Sie waren sehr lustig und wiederholten bei jeder Terrainschwierigkeit die von uns oft im Unmuthe ausgestossenen Worte: „Verfluchtes Mexiko!" was bei uns Europäern einen wahren Sturm der Heiterkeit erregte. Auch sangen sie polnische und deutsche Lieder, von denen sie die Melodie ganz gut auffassten, wenn sie es auch mit dem Texte nicht so genau nahmen.

Gegen Mittag kamen wir in Tequila an, ich bezog mein Quartier im Pfarrhause. Als ich Nachmittag in's Freie trat, sah ich vor dem Hause einen jungen Indianer, der an der Wand gelehnt, bitterlich weinte. Da ich mich mit ihm nicht verständigen konnte, liess ich mich durch den Secretär des Alkalden um die Ursache seiner Thränen erkundigen und erhielt folgende Auskunft:

Die Mutter des jungen Mannes war gestorben und er kam, den Pfarrer um die Bestattung der Leiche zu bitten, die ihm aber von dem würdigen Diener des Herrn verweigert wurde, weil er nicht im Stande war, die Kosten von 5 Pesos zu bezahlen.

Ich war empört und befahl ihm, die Leiche seiner Mutter nur nach Tequila zu bringen (er war aus S. Martin, was zum Pfarramt Tequila gehörte), wo ich schon für die Beerdigung Sorge tragen werde. Mit vielen Dankesworten und Segenswünschen verabschiedete sich der Indianer.

Ich befahl den Alkalden von Tequila, S. Martin, Magdalena und Ocahotla sich Morgen Nachmittag mit Deputationen hier einzufinden, sandte einen Boten nach Orizaba und liess Raketen, Schnaps und Cigarren holen, um das Begräbnis so feierlich als möglich zu machen und die Deputationen zu bewirthen.

14. April. Nachmittags erschienen pünktlich die Deputationen und der Indianer mit der Leiche seiner Mutter, die in einer Rohrdecke eingenäht war. Oberjäger Ugarković erhielt den Auftrag, den Pfarrer herbeizuholen, der augenblicklich erschien, aber mich fragte, wer ihn denn eigentlich bezahlen werde.

„Ich," war die Antwort, „walten Sie jetzt Ihres Amtes."

Die Leiche wurde in der Kirche, in welcher alle Kerzen brannten, unter den Klängen der Orgel eingesegnet und dann unter den schmetternden Fanfaren meiner fünf Hornisten und dem Geknatter der Raketen in das nur drei Schuh tiefe Grab gelegt; der Todtengräber bedeckte die Leiche einige Centimeter hoch mit Erde und stampfte dieselbe mit einem centnerschweren Stössel so fest, dass die Erde und die Leiche, von der man alle Knochen brechen hörte, zu einer Masse zusammengestossen wurden. Dieser sonderbare Gebrauch soll zur Beschleunigung des Verwesungsprocesses dienen.

Nach dem Begräbnis wurden die Deputationen bewirthet. Dieselben dankten mir vielmals und versicherten mich ihrer tiefsten Ergebenheit, während uns der Pfarrer wüthende Blicke zuwarf. Er wagte es nicht, mich an mein Versprechen, die Kosten des Begräbnisses zu zahlen zu mahnen. Ich gab ihm sie unaufgefordert aber mit einer Predigt über Nächstenliebe, wie er sie seinen Pfarrkindern nie eindringlicher gehalten.

25. April. Heute Nachmittag unternahm ich mit meinen beiden Oberjägern Ugarkowic und Radinowic eine Streifung in das Gebirge. Wir entdeckten eine Unmasse Wild, welches sich in dem mannshohen Gras verbarg. Um es herauszutreiben und einige Stücke zu erlegen, zündeten wir das Gras an. Die Wirkung war eine unerwartete; in ein paar Minuten war der ganze Berg in Rauch und Flammen gehüllt, die immer mehr anwuchsen und immer rascher vorwärts schritten. Mit jeder Secunde wuchs die Gefahr; wir liefen mit dem aufgescheuchten Wilde um die Wette. Erst als wir einen reissenden Gebirgsbach hinter uns hatten, befanden wir uns in Sicherheit. Der Anblick des in Flammen gehüllten Berges war grauenerregend, aber unvergesslich schön.

26. April. Ich sass heute Abends unter dem Porticus des Hauses und athmete nach der furchtbaren Hitze des Tages mit Behagen die kühlen, erfrischenden Abendlüfte. Unweit von mir lag einer meiner Indianer am Boden und schlief.

Beim Scheine der Feldlampe sah ich, dass eine ungewöhnlich grosse Tarantel über das Gesicht des Schlafenden kroch. Ich wollte aufspringen und den Mann wecken, doch bemerkte ich an einem leichten Zucken seiner Augenlieder, dass er nicht schlafe. Gleichzeitig fiel mir ein gehört zu haben, wie die geringste Bewegung das gefährliche Thier zum Bisse reize, während es über einen bewegungslosen Körper ruhig hinüberkrieche.

So geschah es auch hier; die Tarantel fiel ihm endlich von dem Gesichte und der Mann sprang mit einem Satze vom Boden auf. Ich eilte auch herbei und es gelang uns, die Tarantel mit Stöckchen zu fangen. Es war ein ausserordentlich grosses Exemplar und sah abscheulich aus. Ich wollte dem Professor Bilimek eine Freude damit machen und schickte den Indianer um Spiritus, die Tarantel darin aufzubewahren.

Die rücksichtsvolle Behandlung des abscheulichen Thieres wollte dem Indianer durchaus nicht gefallen, er hätte den Branntwein am liebsten selbst ausgetrunken und hörte nicht auf, mich zu versichern, dass die Taranteln ebenso gut im Wasser, wie im Branntwein ertrinken. Mit neidischen Blicken betrachtete er die Todeszuckungen des Thieres, die er für Zeichen des höchsten Wohlbehagens hielt.

Ich wurde abberufen; als ich nach einer Weile wieder zurückkehrte, traf ich den Mann in voller Arbeit, die Tarantel mit einem Stöckchen zu zerstossen.

„Was machst Du denn da, Esel?" fuhr ich ihn an, „Du hast mir das Thier ganz verdorben!"

„„Es wäre gewiss durchgegangen, wenn es sich vollgesoffen hätte,"" erwiderte er, „„was versteht so eine Bestie von dem guten Schnapse!""

27. April. Ich berief die Alkalden der umliegenden Ortschaften und befahl ihnen, sich unverzüglich an die Ausbesserung der Wege zu

machen. Ich fand die Leute bereitwillig, nur der Alkalde von Tequila meinte, er wäre, da seine Gemeinde mit dem Aufbau eines vom Erdbeben zerstörten Thurmes beschäftigt sei, nicht im Stande, so viele Leute aufzutreiben.

Da die Gemeinden ohnehin genug von mir in Anspruch genommen wurden, wollte ich die Leute durch Gewaltmassregeln nicht bockbeinig machen und versuchte meinen Zweck auf diplomatischem Wege zu erreichen.

Ich fragte daher die ehrlichen Indianer, ob sie glauben, dass Gott allmächtig sei?

„Que ma tate, que ma tate (ja, mein Vater)", erwiderten sie voll tiefer Überzeugung.

„„Was war die Ursache der Zerstörung Eures Thurmes?""

„Ein Erdbeben, mein Vater."

„„Also seht Ihr, lieben Leute,"" begann ich, „„da Gott allmächtig ist, Städte, Dörfer und Kirchen zerstören, Feuersbrünste und Erdbeben entstehen lassen, kurz Alles machen kann, was ihm gefällt, so wäre es eine Sünde, den Thurm, den Gott zerstört hat, wahrscheinlich weil er ihm nicht gefiel, gegen seinen Willen wieder aufzubauen. Steht von Eurem Unternehmen ab, welches Gott nicht wohlgefällig ist und gehorchet Eurem grossen Kaiser, der Euch durch mich befiehlt, sogleich mit der Ausbesserung des Weges zu beginnen.""

Sie hörten mir andächtig zu, und da ich es weder an guten Worten noch an Schnaps und Cigarren fehlen liess, so eroberte ich mir ihre Sympathie im Fluge und sie versprachen mir, Alles zu thun, was ich von ihnen verlangen werde.

29. April. Vom Major Klein folgende Zuschrift erhalten:

„Herr Hauptmann erhalten den Auftrag, Ihren Abmarsch von Tequila derart zu regeln, um am 2. Mai l. J. in Orizaba einzutreffen, von wo dann die Compagnie an ihren neuen Bestimmungsort Jalapa abzugehen hat.

Alfred Klein, Major."

30. April. Vom Districts-Commando eine neuerliche Zuschrift erhalten. Sie lautete:

„Telegraphischer Befehl gekommen, dass die Compagnie Cz. am 3. Mai nicht nach Jalapa, sondern nach Tejuacan abmarschiren soll. Falls Du es aber für nothwendig hältst, in der Zongolica oder in Tequila zu bleiben, um die Position dort zu behaupten, so würde ich es auf meine Verantwortung nehmen, denn es könnte auch sein, dass Figuerroa dorthin was unternehmen könnte.

Es sind nämlich soeben zwei Telegramme hier angekommen:

1. Hauptmann West schreibt:

400 Feinde haben Teotitlan angegriffen, sind zwar zurückgeschlagen worden, doch steht ein Angriff auf Teotitlan von Seite der ganzen Macht Figuerroa's in Aussicht. Bitte um Verstärkung von Cavallerie.

2. Major Bernhardt von Puebla telegraphirt:

Zweite Hussaren-Escadron gleich nach Tejuacan abmarschiren, weil Feinde bei Teotitlan.

Die Hussaren gehen also Morgen früh dorthin ab. Wer weiss aber, ob der Feind nicht etwas von der Zongolica-Seite unternehmen will? — Bleibe also nach Ermessen dort, wenn Du Nachrichten vom Anrücken des Feindes haben solltest, doch nur, wenn es absolut nothwendig erscheint. Oder marschire von dort direct nach Tejuacan, wenn das die schlechte Communication überhaupt zulässt.

Beiliegend ein Corpsbefehl, der Dir die finanziellen Verhältnisse klar machen wird.

Hier ist dermalen gar kein Geld. Eben kommt ein Telegramm auf meine Anfrage:

„Kein Geld requiriren; die französische Intendanz wird die Gebühren zahlen. Handeinkauf einstellen und vorläufig von den französischen Lieferanten Etapen fassen."

Wenn nicht anders, so requirire vor der Hand gegen Bons die nöthigen Lebensmitteln.

Morgen kommt der französische Intendant her. Hoffentlich ist Geld von ihm zu erhalten.

Den letzten Centaro habe ich zum allernothwendigsten Flottmachen der Hussaren verausgabt.

Alfred Klein, Major."

4. Mai. Am 2. d. M. verliess ich mit meiner Compagnie Tequila marschirte über Orizaba, Aculcingo und bin heute in Chapulco angekommen. Der Ort hat durch das Erdbeben vom 2. Jänner l. J. sehr gelitten. Viele Gebände, darunter auch die Kirche, sind vollkommen zerstört.

5. Mai. Um halb 6 Uhr Früh von Chapulco abmarschirt. Unser Weg führte am Plateau durch eine dürre sandige Gegend. Eine Legua vor Tejuacan befindet sich ein Cactuswald, der eine Ausdehnung von einer ☐ Meile hat. Es ist merkwürdig, dass diese saftige und fleischige Pflanze am liebsten die dürrsten Gegenden bewohnt; sie bildet einen wunderbaren Gegensatz zu der Öde und Unfruchtbarkeit der Landschaft.

Die Cacteen zeichnen sich durch die Verschiedenheit ihrer Gestalt und Grösse nicht minder aus, als durch die wunderbare Schönheit ihrer Blumen.

Von den warzenartigen Mamilarien erheben sie sich in Mexiko als Toconozotel oder Baumcactus zu der Höhe von 2 bis 3 m, während in Südcalifornien die Pitahaya Säulen von 20 m Höhe und 2 m Umfang bildet. Durchgängig haben sie einen fleischigen Körper, dessen Äste dem Stamme ähneln. Die Blätter fehlen, dafür besitzen die meisten eine Fülle von Stacheln und Haaren, aus denen eine schöne, glänzende Distelblume bricht, deren Fruchtknoten bei einigen Arten, wie z. B. beim Baum- oder Feigencactus, saftige, wohlschmeckende Früchte hervorbringen.

Obwohl wir sehr ermüdet waren und hier Schatten finden konnten, so war dennoch ein Ausruhen unmöglich. Schlangen und Eidechsen, besonders letztere von unglaublicher Menge, von jeder Grösse und Farbe bedeckten den Boden, der von diesen Thieren unterwühlt und zerlöchert wie ein Sieb erschien.

Um Mittag kam ich in Tejuacan an und vernahm die Niederlage der von dem Major Czilich geführten Colonne.

Nachmittags rückte die Cavallerie und Abends die Contra-Guerillas mit den Verwundeten in Tejuacan ein.

Ein Befehl des Kaisers herabgelangt, dass das österreichische Corps den Namen Auxilas Estranjeros zu führen und der französische General Baron Neigre das Commando der Territorial-Division zu übernehmen habe.

Eine leicht begreifliche Aufregung bemächtigte sich unser. General Graf Thun, dessen fester Charakter und persönliche Liebenswürdigkeit im Vereine mit seltenen militärischen Kenntnissen, einer rastlosen Umsicht und Thätigkeit, sowie einer unerschütterlichen Energie, Freund und Feind imponirte, der in Wahrheit eine der Hauptstützen des Thrones und der Kitt war, der die Einheimischen mit der Regierung verband, hatte aus uns unbekannten, jedenfalls aber gewichtigen Gründen, das Commando niedergelegt und da war wohl Niemand, der dieses Ereignis nicht mit tiefem Bedauern empfunden und mit trüben Blicken der Zukunft entgegengesehen hätte. Der erste Stein von dem luftigen Prachtbau des mexikanischen Kaiserreiches schien uns mit ihm gefallen zu sein.

10. Mai. Heute Vormittags, als ich mich oben in einer alten, uns als Magazin dienenden Kirche befand, hörten wir plötzlich ein unterirdisches Brausen, die Erde gerieth in Schwingungen, Balken krachten, Fenster klirrten — Alles schien in Bewegung. Ich stürzte in's Freie und sah, wie sich der alte Thurm zur Seite neigte. Die Leute stürzten halbnackt aus den Häusern und flüchteten in's Freie. Es gab ein Schreien, Wehklagen und Weinen, eine allgemeine Hilflosigkeit, die entsetzlich war. Die Luft war drückend heiss, der Himmel umwölkt und die Erde zuckte in kurzen Zwischenräumen wie im Krampfe. Es ist unmöglich, das Gefühl zu schildern, welches mich während dieses Vorganges

überkam und das wohl von Allen getheilt wurde; es wechselte zwischen heftiger Aufregung und dumpfer Apathie.

21. Mai. Den telegraphischen Abmarschbefehl erhalten. Ich habe mit meiner Abtheilung über St. Andres und Cholchicomula nach Jalapa zu marschiren.

27. Mai. Um 4 Uhr Nachmittags in Cholchicomula angekommen. Dieser Ort liegt 2500 m über dem Meere, am Fusse des Vulkans Citlaltepetl und der Sierra negra, in einer sehr sandigen, unfruchtbaren Gegend. Die Häuser sind meist ebenerdig und aus Lehm erbaut. Die Aussicht auf das prachtvolle Gebirge und den majestätischen Citlaltepetl ist von grossartiger Schönheit. Einige französische Officiere hatten ihn bestiegen und überboten sich in Lobeserhebungen. Nichts soll erhabener sein, als einen Sonnenaufgang von dort aus zu betrachten, wie sich am Horizonte des mexikanischen Golfes die Sonne immer glänzender und leuchtender erhebt, und das Feuer der flüchtigen Morgenröthe auf den aufgethürmten Schneecolossen blitzt und in rosigen Strahlen die Schneeflächen herunterrieselt, während das Festland, Meer und Wolken noch im tiefen Dunkel gehüllt sind. Dieses Schauspiel ist aber den Menschenaugen selten gegönnt, denn nur mit grossen Anstrengungen und Gefahren ist es möglich, den Vulkan zu besteigen. Die Böschung des Kegels erreicht einen Winkel von 40 Grad und die Franzosen erzählten mir, dass sie den glatten Abhang nur auf Händen und Füssen hinaufzuklettern vermochten. Der Fuss findet keine Stütze, der Athem ist durch die verdünnte Luft ausserordentlich erschwert und das Gewicht des Körpers scheint verdoppelt; Hände und Gesicht schwellen an und aus Mund und Nase fliesst Blut. Die furchtbare Ermattung schwindet, sobald man stille steht, stellt sich aber bei der geringsten Bewegung wieder ein.

1. Juni. Nach recht beschwerlichen Marschtagen rückten wir heute um 10 Uhr Vormittags in Jalapa ein. Überall sah ich freundliche Gesichter und tauschte mit Bekannten manchen herzlichen Gruss aus. Nachmittag liess Oberstlieutenant Carillo uns zu Ehren seine Musik am Platze spielen und ich hatte Gelegenheit, wieder einmal die schönen Damen von Jalapa zu bewundern.

9. Juni. Ich habe bis jetzt sehr angenehme Tage in Jalapa zugebracht, alte Freunde aufgesucht und neue Bekanntschaften gemacht; leider beginnt sich aber der Horizont zu umwölken und die „schönen Tage von Jalapa" scheinen zu Ende zu gehen.

In unseren Reihen herrscht keine Zuversicht, kein Vertrauen. Carillo und die anderen mexikanischen Officiere sagen ganz offen, dass das Benehmen des Stadtcommandanten, General Calderon, sehr zweideutig sei und gerechtfertigten Anlass zum Misstrauen gebe. Sie machten mich aufmerksam und warnten mich, indem sie mir vorstellten, dass ich im Falle eines Pronunciamentos Calderon's mit meinen Leuten geopfert wäre. Nun, so leichten Kaufes liessen wir uns wohl nicht über den Haufen werfen; doch Vorsicht ist die Mutter der Weisheit, ich beschloss die Augen offen zu halten und mich auf heisse Tage gefasst zu machen.

Um Mittag kam General Calderon mit dem Obersten Hernandez aus Veracruz. Ersterer erschien voller Liebenswürdigkeit und spielte den treuherzigen Biedermann. In den Augen dieses Mannes liegt etwas Abstossendes. Der Mund lächelt voll Freundlichkeit, das schwarze, kleine, funkelnde Auge sticht wie der Dolch.

18. Juni. Die Situation wird immer kritischer und das Misstrauen greift immer weiter um sich. Gestern Nachts kamen noch zwei indianische Unterofficiere zu mir und baten mich, die in der Kaserne Calderon's befindlichen zwei Geschütze und die Munition um jeden Preis in meinen Besitz zu bringen, da den Leuten Calderon's nicht zu trauen wäre.

Ich ging heute zu Calderon und ersuchte ihn unter allerlei Vorwänden um die Herausgabe der beiden Geschütze; zu meinem Erstaunen machte er gar keine Einwendungen. Die Geschütze wurden, zur grossen Befriedigung meiner Leute, in meine Kaserne geschafft und dem Artillerie-Oberlieutenant Ramirez ebenfalls dort eine Wohnung angewiesen.

20. Juni. Ich besuche fleissig Privathäuser und suche mich mit den Leuten zu befreunden, um ihre Gesinnungen kennen zu lernen. Um unerkannt, besonders Abends, herumstreifen zu können, liess ich mir Civilkleider machen. Die Bevölkerung von Jalapa und Umgebung ist, mit wenigen Ausnahmen, gut kaiserlich gesinnt. Alles sehnt sich nach Ruhe und Frieden.

Zu unserer grossen Freude behält Graf Thun das Corpscommando; wir feierten dieses freudige Ereignis durch eine kameradschaftliche Zusammenkunft im Hôtel Royon.

3. Juli. Von allen Seiten laufen Hiobsposten ein. Das Glück hat sich entschieden von den kaiserlichen Waffen abgewendet.

Die ganze Küste von Matamoros bis Nautla ist in feindlichen Händen. In Tampico haben die Franzosen eine Convention geschlossen und sind abgezogen.

Unsere Truppen nehmen täglich an Stärke ab und können nur noch die Hauptpunkte nothdürftig besetzt halten. Auch Icaltepec ist von den Dissidenten eingenommen worden.

Heute wurde der Geburtstag des Kaisers feierlich begangen und in der Domkirche ein Te Deum abgehalten, an welchem sich alle Notabilitäten betheiligten. Abends war die Stadt glänzend beleuchtet und ein Ballon mit der Aufschrift „Eviva Emperador" stieg in die Luft.

Es unterliegt keinem Zweifel, dass es die Jalapesen mit ihren Ovationen ehrlich meinen und dem Kaiser ergeben sind. Bei seinem Besuche in dieser Stadt hatte er sich durch seine Güte und Liebenswürdigkeit die Herzen im Sturme erobert. Er war bemüht, den Gesetzen Geltung zu verschaffen, der Willkür zu steuern und dem unterdrückten Theile der Bevölkerung Recht und ein menschenwürdiges Dasein zu verschaffen.

In Teoselo, einem grossen Indianerdorfe, war vor zwei Jahren ein Aufstand ausgebrochen, dem sich die Indianer von Cemistlan und Monteblanco anschlossen. Verursacht wurde die Empörung durch den Spanier Sanchez, der sich widerrechtlich und mit Gewalt indianischen Grundbesitz zugeeignet hatte.

Der Aufstand wurde von Galvez und Carillo mit ebensoviel Energie als Grausamkeit unterdrückt, Teoselo niedergebrannt, eine förmliche Indianerjagd veranstaltet und 50 Gefangene vor der Kirche erschossen.

Während der Anwesenheit des Kaisers in Jalapa führte der Vertreter von Teoselo Klage und bat um Abhilfe und Gerechtigkeit. Seine Majestät gab dem Präfecten von Jalapa die strictesten Befehle, die Noth der Leute zu lindern und sie sofort wieder in ihren Besitz einzusetzen. Natürlich wurden die Befehle des edlen Kaisers, wie so viele andere, nur gegeben, um nicht befolgt zu werden. Die Indianer, mit leeren Versprechungen hingehalten, verloren jedes Vertrauen zu der Regierung und schlossen sich offen oder geheim den Dissidenten an.

7. Juli. Der Commandant-Superior von Veracruz schickte heute folgendes Bulletin:

„Es ist mir betrübend, Ihnen mittheilen zu müssen, dass die österreichische Colonne aus Matamoros, welche die Avantgarde der Brigade Olvera bildete, bei dem stattgehabten Ueberfalle des Convois 120 Mann an Todten verloren hat; der Rest wurde gefangen genommen. 14 Mann allein sind von 270 entkommen und befinden sich in Soledad. Nicht ein Officier kam zurück. — Diese Details habe ich vom General Olvera selbst.

Für die Richtigkeit:

Turek, Major."

15. Juli. Seit drei Wochen habe ich kein Geld mehr erhalten; ich kann den Leuten keine Gebühren auszahlen und habe jeden Tag viel Noth mit der Herbeischaffung der Lebensmittel.

Gestern kam General Calderon, der in Puebla gewesen, über den Cofre de Perote nach Jalapa zurück und übernahm wieder das Commando, welches während seiner Abwesenheit Carillo geführt. Ich war bei der Übergabe, und da ich alle Ursache hatte, Calderon zu misstrauen, so machte ich Vorbehalte, die ihn aber derart aufbrachten, dass er sich weigerte, das Commando zu übernehmen.

Carillo wollte es um keinen Preis weiter führen und mir blieb nichts anderes übrig, als nachzugeben.

Meine Lage ist eine äusserst peinliche; ich unterstehe diesem Manne, von dem nicht nur angesehene Civilpersonen, sondern auch seine eigenen Officiere behaupten, er wäre früher ein ganz gemeiner Strassenräuber gewesen und habe als solcher mit den Gefängnissen Mexicos genaue Bekanntschaft gemacht.

Ich erstattete dem Corps-Commando darüber Bericht und bat um Abänderung, da ich es mit meiner Ehre nicht vereinbar fände, unter einem Vorgesetzten zu dienen, über dessen Vorleben und Charakter derartige Gerüchte im Umlauf sind.

Und was wurde mir darauf geantwortet? — Es sei dem Corps-Commando sehr wohl bekannt, dass Calderon ein Räuber sei, aber die gegenwärtige Lage der Dinge mache eine Änderung des Commandos unmöglich.

Calderon habe übrigens so einflussreiche Freunde in dem jetzigen Ministerium, dass gar nichts gegen ihn zu unternehmen wäre. Ich möge nur die Augen offen halten, Beweise sammeln etc. etc.

24. Juli. Meine Befürchtungen fangen bereits an, sich zu bewahrheiten.

Das in Plan del Rio stehende Cavallerie-Detachement in der Stärke von 60 Mann (Reiter Calderon's) hat sich unter dem Lieutenant Sanches pronuncirt und ihren Commandanten Lopez, einen braven, tapferen Officier, ermordet.

Auf Calderon machte dieses Pronunciamento einen scheinbar sehr peinlichen Eindruck. — Meine Leute waren wüthend und gestatteten keinem mexikanischen Officier den Eintritt in ihre Kaserne.

26. Juli. Ein in Banderilla stehendes, 40 Mann starkes Detachement meiner Leute, unter dem Lieutenant Turnretscher, wurde von einem dreifach stärkeren Gegner überfallen. Der Angriff wurde glücklich zurückgeschlagen.

Feindliche Reiter alarmirten die Stadt.

29. Juli. Eine feindliche Bande unter Führung Chimurietas fiel die Stadt Quatepec an und besetzte sie. Major Cruz mit 50 Reitern und Lieutenant Graf La Rosée mit 40 Indianern wurden nach Quatepec gesendet; aber zu schwach, um vorzudringen, mussten sie sich, nach einem kurzen Gefechte zurückziehen.

30. Juli. Heute um 7 Uhr Früh alarmirte uns der Feind. Nach einem halbstündigen Gefechte warfen wir ihn in der Richtung von Quatepec zurück.

Die Banden auf der Strasse Veracruz—Jalapa, durch das Pronunciamento der Calderon'schen Reiter ermuthigt, mehren sich von Tag zu Tag. Jeder Verkehr mit Jalapa ist unterbrochen, die Handelsleute klagen laut über die herrschende Unsicherheit und über den Nachtheil, der für sie daraus erwachse.

Die Strasse von Jalapa nach Perote wird von meinen Leuten rein erhalten, doch in wenigen Tagen wird auch das nicht mehr möglich sein, da der Feind alle Kräfte bei Tlapacoyan und Misantla an sich zieht und bei Tlacolulan 250 Mann stark ist.

Die Bewohner der Ortschaften Banderilla, San Miguel, Naulingo und Teoselo haben sich pronuncirt und unter Führung Thomaso Alcanterra's in festen Positionen verschanzt.

Bei der Unthätigkeit des Präfecten, der zweideutigen Haltung Calderon's, ist meine Lage wahrlich nicht beneidenswerth.

1. August. Um 12 Uhr Vormittags drangen über 30 feindliche Reiter bis auf den Constitutionsplatz und feuerten mehrere Schüsse gegen die Calderon'sche Reiterkaserne ab. Oberjäger Ugarkowić und Lieutenant Echagaray vertrieben sie mit einer Abtheilung meiner Compagnie.

4. August. Aus allen Theilen des Landes laufen schlimme Nachrichten ein und die politischen Zustände gestalten sich immer trauriger. Die am 7. Juli erfolgte Abreise der Kaiserin nach Europa rief allgemeine Bestürzung hervor; niemand glaubte an ihre Wiederkehr.

Man behauptete, der Kaiser werde in kürzester Zeit seiner Gemalin folgen. Im Lager der Dissidenten herrscht grosse Freude; sie geben sich den kühnsten Hoffnungen hin.

Heute erhielt ich die Nachricht, dass der Feind, 150 Mann stark, in Banderilla eingerückt sei.

Ich marschirte sofort mit 50 Mann in der grössten Stille und, um nicht verrathen zu werden, auf grossen Umwegen dorthin ab, erreichte auch unbemerkt Sidenio, wohin mir Calderon 60 seiner Reiter zu schicken versprach.

Ich wartete drei volle Stunden; endlich entschloss ich mich, den Coup allein auszuführen. Mit grosser Vorsicht drangen wir in Banderilla ein, fanden aber keinen Feind mehr, der trotz meiner Vorsicht von unserer Ankunft Wind bekommen hatte und sich gegen Ilotepec zurückzog.

Ich kehrte nach Jalapa zurück und begegnete unterwegs den Reitern Ich war wüthend über die Verspätung und machte dem Commandanten heftige Vorwürfe; er entschuldigte sich damit, dass ihm General Calderon den Befehl zum Aufbruch erst vor zwei Stunden gegeben. Calderon hingegen behauptete wieder, er hätte mich nicht recht verstanden, es sei ein gegenseitiges Missverständnis gewesen u. s. w.

6. August. Wir werden täglich von dem Feinde alarmirt. Gestern drang derselbe in die Stadt, als wir gerade beim Speisen im Hôtel waren. Wir eilten sogleich in die Kasernen und es fehlte nicht viel, so wären wir auf dem Wege dorthin abgefangen worden. Heute entspann

sich bei der Mauth zwischen der Polizei und 30 feindlichen Reitern ein Geplänkel. Meine Indianer eilten rasch herbei und verjagten den Feind.

9. August. Vom Major Hotze den Befehl erhalten, Unterkünfte und Lebensmittel für die 4. Compagnie, welche mit dem Oberstlieutenant Carillo und einem Gebirgsgeschütze nach Jalapa einrückt, bereit zu halten. Ich habe dann das Commando über die hier befindlichen österreichischen Truppen zu übernehmen.

10. August. Ein sehr bewegter Tag. Um 11 Uhr Vorm. wurde die Stadt von der Veracruzer Seite vom Feinde angegriffen: derselbe wurde von meiner Compagnie, nach einem kurzen Gefechte, vertrieben. Nachmittags 4 Uhr erneuerte der Feind, 250 Mann stark, den Angriff; es entspann sich zwischen demselben und meinen Leuten ein heftiger zweistündiger Kampf, der mit dem Rückzuge des Feindes, den ich bis nach Las Animas verfolgte, endigte.

16. August. Seit dem 1. d. M. finden täglich ein oder mehrere Gefechte statt. Bei der heute vorgenommenen Completirung der Munition stellte sich heraus, dass wir in diesem halben Monate 3395 Stück Patronen verschossen hatten.

Meine Leute sind furchtbar angestrengt, dabei aber heiter, voll Muth und Zuversicht, während die Reiter Calderon's verdrossen herumschleichen und sich vollkommen unthätig verhalten. Ich bin stolz darauf, dass es dem Gegner, der kein Mittel unversucht lässt, um seine in den Diensten der Traidores und Estranjeros*) stehenden Landsleute zum Treubruche zu verleiten, trotz allen Versprechungen an Geld, Ehrenstellen u. s. w. nicht gelungen ist, einen einzigen Mexikaner meiner Compagnie zum Abfalle zu bringen.

24. August. Am 17. d. M. rückte die Colonne Carillo's, die 4. Jäger-Compagnie und 50 Indianer, gestern um 8 Uhr Früh die Colonne des Hauptmanns Baron Hammerstein von Tesuitlan, was von uns aufgegeben wurde, in Jalapa ein.

28. August. Ich erhielt den Befehl, über das Gebirge zu marschiren, um von Perote Munition zu holen. Trotz meines eifrigen Protestes gab man mir 30 Hussaren mit. Hussaren im Hochgebirge! — Anfangs ging es ziemlich gut und der Weg war nicht schlecht. Bald aber kamen wir tiefer in das Gebirge, wir mussten Felsenvorsprünge ersteigen und hart am Rande tiefer Abgründe marschiren. Die Pferde ahnten die Gefahr und, am ganzen Leibe zitternd, setzten sie vorsichtig einen Fuss vor den andern. Bald mussten sie einen Klafter tiefen Sprung machen, bald wie Katzen über einen Felsblock klettern.

Ich ritt der Avantgarde voraus, um mich über die Richtung des Weges, den wir einzuschlagen hatten, zu orientiren. Bei einer scharfen Biegung des Weges stiess ich plötzlich mit einer feindlichen Patrouille

---

*) Verräther und Fremdlinge.

von 6 Mann zusammen. Sie schossen ihre Gewehre auf mich ab; die Kugeln durchlöcherten meinen Mantel, aber ich blieb vollkommen unverletzt. Ehe ich Gebrauch von meiner Waffe machen konnte, waren sie spurlos verschwunden.

Meine Leute eilten herbei und stiessen, als sie mich unverletzt sahen, ein lautes Freudengeschrei aus. Ich setzte den Marsch nicht weiter fort, da mir ein Reiter den Befehl brachte, sofort nach Jalapa zurückzukehren.

War der Marsch schon bei Tag schwierig, so gestaltete er sich bei der finsteren Nacht zu einem der gefährlichsten, den ich je gemacht. Selbst meine findigen Indianer konnten den Rückweg nicht mehr finden, da ein heftiger Regen jede Spur verwischte. Endlich gelangten wir tastend, stolpernd und fallend zu einer Indianerhütte, in der sich zwei Weiber und ein junger Bursche befanden. Sie mussten uns den Weg nach Jalapa zeigen und mit Kienspänen leuchten. Todtmüde, zerschlagen, durchnässt und zerschunden kamen wir um 12 Uhr Nachts in Jalapa an.

29. August. Hauptmann Baron Hammerstein und ich erhielten heute ein vom 23. d. M. datirtes Schreiben des Generals Grafen Thun.

„Euer Hochwohlgeboren!

Verhältnisse zwingen mich, meine Stellung aufzugeben und haben auf meine Bitte Seine Majestät der Kaiser mich des Commandos der Territorial-Division zu entheben und den General Baron Neigre zu meinem Nachfolger zu ernennen geruht.

Nach Ankunft dieses Herrn Generals, welche Montag den 27. d. M. stattfinden wird, werde ich den Truppen des Corps officiell den zu beobachtenden Dienstgang bekannt geben, indem ich bis auf Weiteres das Commando in seinen inneren Angelegenheiten behalte.

Nach geschehener Übergabe begebe ich mich auf Befehl Sr Majestät des Kaisers nach Mexiko und dürfte dann die definitive Entscheidung über die Zukunft des Corps erfliessen, bis zu welchem Zeitpunkte ich Sie bitte, bei den Ihnen unterstehenden Truppen jedes voreilige Urtheil hintanzuhalten und im Vertrauen auf die Gerechtigkeitsliebe des Monarchen die Entscheidung in Ruhe und mit jener unvergleichlichen Disciplin abzuwarten, welche das Corps in dieser Zeit der Transaction bereits so glänzend bewiesen hat.

Was meine schwachen Kräfte und mein guter Wille vermag, in dieser Hinsicht im Interesse jedes Einzelnen noch zu leisten im Stande ist, will ich auf's Bereitwilligste zu einer zufriedenstellenden Lösung bringen.

Nehmen Sie die Versicherung meiner Hochachtung etc. etc."

Mit Schmerz und Schrecken erfüllte uns der Rücktritt des so allgemein verehrten Generals. Wir fühlten den Boden unter unseren

Füsse schwanken und zweifelten nicht mehr, dass so ziemlich Alles zu Ende sei.

Der Feind in der Umgebung von Jalapa verstärkt sich immer mehr, er wächst förmlich aus dem Boden heraus.

Die Lebensmittel fangen an auszugehen und selbst der gut kaiserlich gesinnte Theil der Bevölkerung ersehnt ein Ende dieses unerträglichen Zustandes — mag es nun schon zu Gunsten der Regierung oder der Liberalen ausfallen.

11. September. Hauptmann Baron Hammerstein unternahm heute mit 400 Mann, darunter eine Hussaren-Escadron, und der halben Gebirgs-Batterie, eine Expedition über La Hoya nach Las Vigas um Munition und Geld zu holen, dann die in Perote zurückgelassenen Leute der hier befindlichen Abtheilung an sich zu ziehen.

Zu dem Ende marschirten wir, mit Zurücklassung der 2. Pionnier-Compagnie und einer 60 Mann starken Wache auf dem befestigten Cerro-Maquiltepec, um Mitternacht von Jalapa ab und kamen um 6 Uhr Früh vor La Hoya an. Meine Compagnie hatte die Avantgarde und wurde bei der Annäherung an La Hoya aus dem sogenannten mal pais angeschossen. Mit einem lauten „Eviva Emperador" gingen meine braven Muchachos sogleich in Schwärme über, bemächtigten sich mit überraschender Schnelligkeit aller Positionen des in dem berüchtigten Terrain postirten Feindes und drangen in den Ort ein.

Der Feind zog sich auf die steilen Höhen zurück und setzte von dort sein Feuer fort.

Hauptmann Hammerstein liess daher von einem Theile der Colonne und der halben Gebirgs-Batterie La Hoya besetzen und rückte mit den Uebrigen und der Hussaren-Escadron durch das mal pais bis zu den eine halbe Legua entfernten Schanzen vor, wo er den Convois aufnehmen wollte. Er besetzte die Schanzen mit einer halben Compagnie und ging mit dem Reste dem Convois nach Las Vigas entgegen. Um 7 Uhr Abends kamen wir nach Jalapa zurück.

7. October. Meine Compagnie hat einen schweren Verlust erlitten. Der tapfere Oberjäger **Benjamin Ugarković** ist bei Banderilla gefallen.

Eigenmächtig verliess Ugarković mit noch 20 Indianern die Kaserne und griff den in Banderilla stehenden 100 Mann starken Feind an. Derselbe verbarg seine Stärke und machte zum Scheine einen Fluchtversuch. Ugarković tollkühn wie immer, drängte nach und gerieth im Gebirge in einen Hinterhalt. Er kämpfte wie ein Löwe und fiel mit Wunden ganz bedeckt, mit ihm die Indianer Nunnez Strada und Plata, während Antonio und Alvarado verwundet in Gefangenschaft geriethen. Die Andern brachen sich Bahn durch die Feinde und retteten sich nach Jalapa. Major

Hammerstein allarmirte sogleich die Garnison und marschirte nach Zurücklassung einer Compagnie nach Banderilla.

Ich bildete mit meinen Indianern die Vorhut und erreichte um 10 Uhr Vormittags die Höhe vis-à-vis der Kirche von Banderilla. Kaum hatte die Spitze der Vorhut den Gipfel der Höhe erreicht, als sie mir auch schon das Zeichen gab, dass der Feind in Sicht sei. Ich eilte hinauf und erblickte 300—400 Feinde, theils Cavallerie, theils Infanterie sorglos in der Ebene vor dem Orte lagern.

Ich meldete dies dem Major Hammerstein, der sogleich durch meine Leute zwei Gebirgsgeschütze auf die Kuppe hinauftragen liess. Durch das dichte Gebüsch vollkommen gedeckt, kamen sie unbemerkt an's Ziel. 1500 Schritte avisirte der Feuerwerker „Feuer!"

Und der Probeschuss (Shrapnel) platzte über den Köpfen der ahnungslos Lagernden und verursachte eine heillose Verwirrung, die noch durch drei brillant gezielte Shrapnels erhöht wurde.

Von panischem Schrecken ergriffen, stoben die Feinde auseinander und flüchteten nach Ilotepec. Major Hammerstein rückte bis Banderilla vor und kehrte nach einer kurzen Rast nach Jalapa zurück. Wir fanden drei von unseren Todten und nahmen sie auf Maulthieren mit.

Nach Aussage der Dorfbewohner dürfte der Feind über 30 Todte und Verwundete verloren haben.

21. October. Was ich lange befürchtet habe, ist heute geschehen: die ganze einheimische Cavallerie hat sich pronuncirt. Ich hörte über diese Infamie folgende Details.

General Calderon sandte die ganze Cavallerie zur Recognoscirung nach Banderilla. Er selbst begab sich mit einem Fernrohr auf den Maquiltepec, um von dort aus die Bewegung der Reiter zu beobachten.

Die Reiter Calderon's wurden von dem Major Cruz, die des Carillo von dem Capitaine Gonzales commandirt, Oberstlieutenant Castillo führte seine Leute selbst.

Kaum hatten sie die Brücke beim Rancho Sedenio erreicht, als Capitaine Garcia von Calderons Cavallerie den hinter der Brücke befindlichen Hügel hinaufsprengte und mit lauter Stimme rief: „Eviva libertad, muerto el imperio, muerto los etranjeros!"

Dem Major Cruz und dem Capitaine Pagador, die nicht mithalten wollten, nahmen sie Pferde und Waffen und schickten sie nach Jalapa zurück. Auch Oberstlieutenant Castillo, den seine Reiter nicht fortlassen wollten, entkam durch List und kehrte zu uns zurück. So lichteten sich unsere Reihen durch Verluste im Kampfe, durch Krankheit und Pronunciamentos immer mehr. Die bedeutendsten Führer der Liberalen, an ihrer Spitze Alatorre, leiten mit grossem Geschicke die Belagerung Jalapas und wissen, theils durch Drohungen, theils durch Versprechungen, immer neue Kräfte an sich zu ziehen. Die kaiserlich-mexikanischen Truppen in

Perote sind, durch die meineidige Cavallerie verleitet, ebenfalls zu dem Feinde übergegangen.

24. October. Major Hammerstein unternahm, um uns mit Lebensmitteln zu versorgen, hauptsächlich aber, um der uns von Perote geschickten Verstärkung die Möglichkeit zu bieten, den sehr schwierigen Marsch über den Cofre von Perote (12.000 Fuss hoch) ungefährdet zu bewerkstelligen, eine Streifung nach Banderilla.

Wir brachen Nachts in aller Stille auf und erreichten beim Morgengrauen den Ort. Meine Compagnie, welche die Avantgarde bildete, drang nach einem schwachen Widerstand des Feindes in Banderilla ein und bemächtigte sich der Lisièren des Ortes, während die 4. Compagnie unsere linke Flanke sicherte.

Der Gegner hatte die beiden Höhen, welche den Eingang in das Gebirge von Tlacolulan beherrschten, stark verschanzt und sich dort festgesetzt.

Da es nicht in unserer Absicht lag, nach Tlacolulan zu gehen, so erwies sich diese Massregel des Feindes als ganz fehlerhaft, da er dadurch die Strasse Perote-Jalapa preisgab und der Marsch der von Perote kommenden Verstärkung, ungehindert vor sich gehen konnte.

Die Gebirgs-Batterie eröffnete auf 800 Schritt ein wohlgezieltes Feuer auf die Verschanzungen des Feindes, ohne ihm jedoch besonderen Schaden zuzufügen.

Die 1. Jäger-Compagnie erhielt den Befehl, gegen die verschanzten Höhen zu demonstriren und den Feind zu beschäftigen.

Meine Indianer unterhielten während der ganzen Zeit von der an der äussersten Lisière des Ortes befindlichen Steinmauer ein lebhaftes Feuer, welches nach mexikanischer Sitte mit nichts weniger als schmeichelhaften Zurufen gewürzt wurde. Ich hatte leider einige Schwer- und mehrere Leichtverwundete.

Mit 28 Centner Mehl und einigen Ochsen traten wir den Rückmarsch nach Jalapa an.

Wir waren nur noch eine halbe Legua von der Stadt entfernt, als vom Cerro Maquiltepec, auf dessen Gipfel wir Verschanzungen errichtet, sie mit zwei Haubitzen armirt und mit 40 Mann besetzt hatten, Kanonenschüsse in der Richtung gegen Naulingo abgefeuert wurden.

Bald darauf kam uns auch General Calderon entgegenritten und theilte dem Major Hammerstein mit, dass 400 Feinde unter Miguel Perez von Naulingo gegen Jalapa im Anmarsche seien.

Dann wandte er sich zu mir und sagte mit einem höhnischen Lächeln:

„Ihr Freund Carillo hat sich pronuncirt. Ihr hattet ja keine Geheimnisse vor einander und Sie vertrauten ihm blindlings. Nun haben Sie es. Carillo ist ein Schurke."

Ich taumelte zurück, wie von einem Schlage getroffen und rief vor Wuth bebend:

„„Ich wusste nicht, dass es unter Euch Mexikanern solche Verräther gebe. Übrigens haben auch Sie Manuel Garcia blindlings vertraut und er ist mit Ihrer Cavallerie zum Feinde übergegangen. Meine Indianer halten treu bei mir aus, bei mir, dem Fremden. Sie, als Mexikaner, sollten doch Ihre Landsleute besser kennen. Übrigens beneide ich Sie nicht um die Rolle, die Sie jetzt unter uns spielen, denn da gibt es wohl Niemanden der daran glaubt, dass Sie von dem beabsichtigten Pronunciamento Ihrer Reiter gar nichts gewusst hätten.""

Calderon wollte mich einigemale unterbrechen, aber er brachte vor Wuth kein Wort über die Lippen und mir einen wüthenden Blick zuschleudernd, gab er seinem edlen Pferde die Sporen und galoppirte grimmig davon. Ich konnte mich nicht enthalten, ihm nachzurufen:

„Reiten Sie nur zu, ein General ohne Truppen ist eine Kanone ohne Munition."

Mit verdoppelter Eile marschirten wir jetzt in der Richtung gegen Naulingo. Meine flinken Indianer waren bald Allen weit voran und überholten selbst die Hussaren. Es dauerte nicht lange, so stiess ich mit der Vorhut des Feindes zusammen. Es entspann sich von beiden Seiten ein heftiges Feuer und da die Colonne noch weit zurück war, ich aber das Ansammeln des Feindes nicht zulassen wollte, so gab ich den Befehl zum Angriff. Meine braven Burschen gingen mit einer Bravour vor, die der besten europäischen Truppe Ehre gemacht hätte.

Der Gegner zog sich langsam von Terrain-Abschnitt zu Terrain-Abschnitt zurück.

Obgleich unser Vorwärtsdringen durch die, Gärten und Felder umfassenden Steinmauern, die dem Feinde eine gute Deckung boten, sehr erschwert wurde, gab es für die Indianer keinen Halt. Sie verfolgten den Feind bis zu einem kleinen Maierhofe, Casa blanca genannt, wo es ihm gelang, mit seinen intacten Kräften festen Fuss zu fassen.

Wir kamen bis auf 60 Schritt heran und wurden mit einem Kugelregen überschüttet, zum Glück hatten wir gute Deckung und erlitten wenig Schaden.

Neben mir kämpften die Lieutenants Deak, Katalinić und Turnretscher; 8 oder 10 Schritt von uns entfernt stand ganz allein, jeder Deckung verschmähend, Oberlieutenant Echagarai, ein junger Mexikaner, der sich meiner Compagnie angeschlossen hatte, um am Kampfe theilzunehmen. Er hatte das Gewehr eines gefallenen Oesterreichers aufgerafft und feuerte mit fester Hand und ohne mit der Wimper zu zucken, Schuss auf Schuss auf den Gegner ab.

Es war ein eigenthümlicher, fast unheimlicher Anblick, unwillkürlich neigten wir uns der Ansicht der Soldaten zu, die den jungen Lieutenant Echagarai für unverwundbar hielten.

Die Liberalen, einen echten Mexikaner in ihm erkennend, riefen: „Traidor!" und legten ihre Gewehre auf ihn an und während Lieutenant Deak tödtlich verwundet zusammenstürzte, dem Lieutenant Katalinić das Knie zerschmettert wurde und so mancher brave Bursche einen Denkzettel erhielt, blieb Echagarai unverletzt und rührte sich nicht von der Stelle.

Endlich kam die Hauptcolonne angerückt, die Gebirgsbatterie nahm 300 Schritt hinter uns Aufstellung und beschoss über unsere Köpfe den Feind; Major Hammerstein entsendete zwei Compagnien zur Umfassung der linken feindlichen Flanke, ich bekam dadurch Luft. Wir drangen ungestüm vor, brachten den Feind zum Weichen und um ihm keine Zeit zum Sammeln zu lassen, verfolgten wir ihn vier Leguas weit.

Spät Abends kamen wir nach Jalapa zurück.

25. October. Das Pronunciamento Carillo's kann von sehr bösen Folgen für uns werden. Nicht nur, dass er dem Feinde 100 gut berittene und bewaffnete Leute zugeführt hat, kennt er auch vollkommen unsere Lage und wird unsere Schwächen zu benützen wissen. Ich hätte ihn dieser Infamie nie für fähig gehalten. Bei der Einnahme von Tesuitlan, bei der Organisation der Präfectur u. s. w. leistete er uns unbezahlbare Dienste; er genoss das Vertrauen des Generals Grafen Thun, des Obersten Kodolić und die Achtung aller Officiere. Ich lebte mit ihm stets in der grössten Freundschaft, wie vielleicht mit keinem anderen Officier des Corps und bis auf das Pronunciamento hatte er nie ein Geheimnis vor mir.

Was Calderon anbelangt, so ist mir sein Benehmen ebenso räthselhaft; nach der furchtbaren Beleidigung, die ich ihm gestern angethan, musste er sich auf eine Art Satisfaction verschaffen. Ich weiss nicht was ich in seiner Lage thäte. Er aber verhält sich ganz ruhig und spielt sich auf das Opfer, indem er behauptete, man habe ihn mit Unrecht im Verdacht gehabt und Carillo habe böswillige Gerüchte über ihn in Umlauf gebracht, um seine eigenen Machinationen zu maskiren. Nun geniesse er die Früchte seiner Verrätherei; Alatorre habe ihn sogleich zum Obersten und Commandanten der liberalen Cavallerie gemacht.

26. October. Heute Nacht verschied Lieutenant Deak an seiner am 24. d. M. erhaltenen Wunde. Sein und das Begräbnis der übrigen Soldaten, die ihren bei dieser Gelegenheit erhaltenen Wunden erlegen sind, fand Nachmittag um 3 Uhr statt.

Alle dienstfreien Officiere und Deputationen von allen Abtheilungen versammelten sich um die bestimmte Stunde bei der Kirche S. Francisco. die uns als Spital diente.

In dem Augenblicke, als die Särge gehoben wurden, hörte wie durch einen Zauberschlag, der heftige Regen auf und die Sonne brach durch das Gewölke.

Der Sarg Deak's war reich mit Blumen geschmückt, welche die Damen von Jalapa, deren Liebling er gewesen, gespendet hatten. Sein Tod erweckte die tiefste Theilnahme. Alles beklagte den liebenswürdigen tapfern Officier, der, ein Ideal männlicher Schönheit, in der vollsten Jugendkraft, nach unendlichen Leiden in's Grab gesenkt wurde. Deak hatte einen Bauchschuss erhalten und wandte sich 48 Stunden in den entsetzlichsten Qualen, Jeden, der sich ihm nahte, beschwörend, ihn aus Barmherzigkeit zu erschiessen.

Beim gedämpften Klang des Hornes zogen wir langsam, im feierlichen Ernst, durch die Strassen der Stadt nach dem Campo santo. Nach erfolgter Einsegnung stimmten die Sänger Körner's wunderschönes Lied an:

»Vater! ich rufe Dich!«

Die üblichen Salven wurden abgegeben, und nach jeder Salve erdröhnten vom Cerro Maquiltepec zur letzten Ehre der gefallenen Kameraden zwei Kanonenschüsse, von donnernden Hurrahrufen der Besatzung begleitet.

Die Erhabenheit dieses Momentes ist unbeschreiblich. Kein Auge blieb thränenleer, tief erschüttert, wie vom Hauche der Gottheit berührt, neigten wir unsere Häupter und wiederholten die letzten Worte des leise verhallenden Liedes:

»Dir, Gott, ergeb' ich mich.
Vater, ich rufe Dich!«

28. October. Unsere Situation ist furchtbar, nicht nur die Lebensmittel, sondern auch die Munition geht zur Neige. An Fourage ist grosser Mangel, Mehl ist in der Stadt keines zu bekommen und seit einigen Tagen erhalten die Truppen kein Brod mehr. Von draussen dringt keine Nachricht zu uns, der Feind, der sich immer mehr concentrirt, hält alle Communicationen besetzt und beginnt überall Verschanzungen anzulegen.

O, Traum des mexikanischen Kaiserthumes, wie bist Du in Nichts zerflossen! Wie freudig sind wir dem Kaiser über das Meer gefolgt, mit welchen stolzen Hoffnungen haben wir uns getragen, mit welcher frohen Zuversicht schlugen unsere Herzen der Zukunft entgegen. Was ist aus dem Allen geworden?

Saht Ihr jemals einen prächtigen Kauffahrer den Hafen verlassen? Gross und herrlich, scheint er ausgerüstet gegen alle Unbilden der Elemente. Seine reiche Ladung, sein buntes Flaggen-, Segel- und Takelwerk, die in diesem sitzenden Matrosen, alles verspricht ihm eine glückliche Fahrt, eine frohe Wiederkehr. Es lag so lange unthätig im Hafen jetzt hat sich eine frische Brise erhoben, die seine Segel bläht und es zur Fahrt aufmuntert. Der wolkenlose Himmel und die blaue See lächeln ihm verheissungsvoll zu. Aber kaum ist es draussen auf offenem Meere, so verwandelt sich die Brise in einen Sturm, der alles am Bord zerreisst und zerschmettert, die stolzen Masten des schönen Schiffes zersplittert, und bald treibt das einst herrliche Fahrzeug, ein elendes Wrack, auf den Wogen hin.

3. November. Gestern versuchte der Feind von Quatepec aus einen Angriff und wurde zurückgeschlagen. In der Nacht arbeiteten wir ununterbrochen an den Schanzen.

Heute um 2 Uhr Nachmittags versuchte eine stärkere feindliche Abtheilung von Quatepec neuerdings in die Stadt zu dringen.

Major Hammerstein entsendete mich mit zwei Compagnien Jäger und einer halben Escadron Hussaren gegen die bedrängte Seite.

Es gelang mir, den Gegner zurückzudrängen und die Casa del Campo zu besetzen. Ersterer nahm Aufstellung bei einer grossen Spinnfabrik und überschüttete uns, von seiner vorzüglichen mit 300—400 Mann besetzten Stellung aus mit einem wahren Höllenfeuer, das wir wegen Mangels an Munition nur sehr mässig erwidern konnten.

Ich entsendete eine Compagnie zur Umfassung des rechten feindlichen Flügels. Das Vorgehen der Jäger, durch zwei von der Franciscuskirche abgefeuerte Kanonenschüsse unterstützt, war ein so rasches, der Vorstoss, den ich mit der zweiten Compagnie machte, so gelungen, dass der Feind zu weichen begann.

Plötzlich aber zeigte sich der Gegner, 200 Mann stark, in unserem Rücken und wir wurden von zwei Seiten angeschossen.

Die Unmöglichkeit eines weiteren Vorgehens einsehend und um nicht von der Stadt abgeschnitten zu werden, trat ich in grösster Ordnung den Rückzug an, zwang den in meinem Rücken aufgetauchten Gegner auszuweichen und kam, ohne besondere Verluste zu haben, nach Jalapa zurück.

4. November. Der Feind verengt die Cernirungslinie immer mehr und markirt sie mit Fahnen. Gegen 6000—7000 Mann halten Jalapa umschlossen, während unserer kaum 500 sind.

Seit vier Tagen kommen wir nicht mehr von den Schanzen. Dort wird gekämpft, gegessen, und wenn eine kleine Ruhepause eintritt, geschlafen.

Nachmittags brachte ich ein altes eisernes Geschütz, 20 Fässer Wasser, 1 Fass Schnaps und einige Lebensmittel auf den Cerro Maquiltepec. Von der Höhe des Vulkans bot sich mir ein interessantes Bild; der ganze Umkreis der Stadt ist von dem Feinde, wie von einem eisernen Gürtel eingeschlossen, der jede Zufuhr von Lebensmitteln in die Stadt unmöglich macht. Am Rückwege hatten wir ein halbstündiges Geplänkel zu bestehen, das uns aber keinen Schaden zufügte.

6. November. Gestern und heute wurde fast ununterbrochen gekämpft. Vormittags versuchte der Feind einen erfolglosen Überfall von der Veracruzer Seite. Später zeigte sich eine geschlossene Cavallerie-Abtheilung von 30 Mann in der Richtung von Quatepec. Ein von der Franciscus-Kirche abgefeuertes Hohlgeschoss explodirte mitten unter ihnen und sie ritten im Galopp davon. Man sagt, Alatorre wäre unter ihnen gewesen.

Nachmittags kam der Feind, 250 Mann stark, bis zur Veracruz-Mauth, wurde aber von dem tapferen Hauptmann von West und Oberlieutenant Thyr mit einem Kugelregen empfangen. Ich eilte mit meinen Indianern zur Unterstützung herbei, und es gelang uns, den Feind zu verjagen. Bei der Kirche S. Jose stand der alte Geistliche, ein Greis von 70 Jahren. Gott weiss, welche Erinnerungen in ihm wach wurden, er verlangte mit Ungestüm ein Gewehr, um am Kampfe theilzunehmen, obwohl ihm seine alten Beine den Dienst versagten. Thyr und ich hatten Mühe, ihn zu beruhigen und in's Haus zu bringen. Während wir bei der Caserne S. Jose kämpften, wurde auch die vierte Compagnie in der Calvario-Kirche angegriffen.

7. November. Ich wurde beordert, mit einem Detachement, bestehend aus meinen Indianern, 20 Pionnieren und einer halben Escadron Hussaren eine Fouragirung zu unternehmen. Ich rückte um 3½ Uhr Nachmittags auf die Maisfelder nördlich von Maquiltepec, und während die Indianer die Arbeit deckten, wurden von der anderen Abtheilung die Maisfelder abgemäht.

Der Feind that sein Möglichstes, um die Fouragirung zu hintertreiben, doch hielten meine braven Bursche wacker Stand, bis die Arbeit verrichtet war. Vom Feinde bis zu den ersten Häusern der Stadt verfolgt und angeschossen, traten wir den Rückweg an. Ein Theil der in der Calvario-Kirche dislocirten vierten Compagnie kam zu unserer Unterstützung herbei, worauf der Feind vom weiteren Nachdrängen abliess.

9. November. Bei Tag und Nacht finden Kämpfe mit dem uns immer mehr einschliessenden Gegner statt, der bereits bei den Eingängen der Stadt Schanzen anlegt. Unserer numerischen Schwäche wegen können wir ihn nicht daran hindern, und während wir ihn von einer Seite zurückwerfen, dringt er auf drei Seiten durch die durchbrochenen Häuser in die Stadt.

Nachmittag wurde die Besatzung der S. Jose-Caserne angegriffen. Wir hörten zahlreiche Schüsse fallen und ich erhielt den Befehl, mit meiner Compagnie und einigen Pionnieren der hartbedrängten Besatzung zu Hilfe zu eilen.

Wir kamen gerade am S. Joseplatz an, als eine 50 Mann starke Cavallerie-Abtheilung absass, um der 3. Jäger-Compagnie in den Rücken zu fallen. Nachdem ich eine wirksame Decharge abgegeben, stürzten sich meine Leute mit dem Bajonnette auf den Feind und ein förmliches Gemetzel begann. Die Gasse zum Campo santo war voll Blut und wir fanden gegen 20 Leichen des Feindes.

Der hitzige Kampf dauerte bis 5 Uhr und maskirte eine Bewegung des Feindes gegen die Stadt, um S. Jose von der übrigen Besatzung zu trennen. Als ich seine Absicht bemerkte, trat ich in guter Ordnung, aber so rasch als möglich, den Rückzug an. Es war aber schon zu spät. Eine 300 Mann starke Abtheilung verlegte mir den Weg und es kam neuerdings zum Kampfe, bei welchem ich fünf Mann verlor. Doch schlugen wir uns endlich durch und gelangten in das Innere der Stadt.

Kaum waren wir nach dem heissen, mehrstündigen Kampfe auf den Hauptplatz eingerückt und hatten noch nicht Zeit gehabt, uns von Blut und Schweiss etwas zu reinigen, so kam schon Major Hammerstein und gab mir den Befehl, eine Recognoscirung in das westlich vom Kloster S. Francisco gelegene Stadtviertel zu unternehmen. Von der bereits eintretenden Dunkelheit begünstigt, drangen wir beiderseits der Häuser rasch vor. Fast jedes Haus war von Feinden besetzt und versperrt. Wir wurden aus den Fenstern angeschossen, doch die Dunkelheit und die Gewandtheit der Indianer schützte uns vor empfindlichem Schaden. Endlich gelangten wir an den Ausgang der Strasse und fanden ihn durch eine Schanze gesperrt.

Wir waren nun von allen Seiten von Feinden umgeben, ein Höllenlärm entstand und ununterbrochen knatterte das Kleingewehrfeuer. Die Liberalen mussten sich gegenseitig angeschossen haben, denn bei der Dunkelheit war es absolut nicht möglich, Freund vom Feind zu unterscheiden.

Meine Indianer, ohne erst einen Befehl abzuwarten, warfen sich mit lauten Hurrarufen auf die Schanzen, erstiegen dieselbe mit einer solchen Behendigkeit, dass ich ihnen kaum zu folgen vermochte, und metzelten erbarmungslos Alles nieder, was ihnen in den Weg kam.

Mit einem Verlust von 6 Verwundeten und 1 Todten rückte ich gegen acht Uhr Abends wieder am Hauptplatz ein.

Jetzt endlich trat auf beiden Seiten Ruhe ein, die auch während der Nacht nicht gestört wurde.

10. November. Vom Fort Maquiltepec verständigten uns Signale, dass die Besatzung an Lebensmitteln und Wasser grossen Mangel leide.

Abgesehen davon, dass wir selbst keine Nahrung mehr hatten, hielt uns der Feind von allen Seiten so abgesperrt, dass nur ein mit bedeutender Kraft ausgeführter Ausfall der armen Besatzung Hilfe bringen konnte. Wir aber waren so schwach, dass wir kaum noch die innere Stadt besetzt halten konnten. Jede Hoffnung auf Entsatz war Wahnsinn, wir waren verloren und konnten die Wahrheit mit Augen sehen und mit Händen greifen. Es gab nur noch einen Weg zur Rettung und der war, sich nach Veracruz durchzuschlagen. Auf dieser Seite war der Feind am schwächsten, das Terrain fiel gegen jene Stadt immer mehr ab, und endlich stand der tapfere Hauptmann von West mit seiner Truppe in der S. Jose-Caserne und konnte unsern Durchbruch decken. Auf diese Art wäre es auch möglich gewesen, uns mit der Besatzung von Maquiltepec zu vereinigen.

Dass dieser Durchbruch nur mit schweren Opfern bewerkstelligt werden konnte, unterlag keinem Zweifel, doch erschien er uns Allen als das einzige ehrenvolle Mittel zur Rettung.

Ich begab mich zu dem Major Hammerstein und erbot mich, die Besatzung nach Veracruz zu führen, da mir alle Communicationen genau bekannt seien. Hammerstein wollte von diesem Vorschlage nichts wissen und berief sich auf den Befehl, die ihm anvertraute Stadt zu halten.

Statt eines energischen Durchbruches wurde zu einer halben Massregel geschritten.

Ich erhielt den Befehl, mit meiner Compagnie, 20 Pionnieren, einem Zuge Hussaren und einer Gebirgs-Batterie gegen Maquiltepec vorzugehen und der Besatzung den Weg in die Stadt zu bahnen. Ich rückte über Calvario vor und fand die Hauptstrasse durch eine Barrikade gesperrt. Da dieselbe en front nicht zu nehmen war, wurde ein Angriff in die Flanke disponirt und von meiner Compagnie und einigen Pionnieren ausgeführt. Einige halberbaute Barrikaden wurden rasch übersetzt und das Haus, von welchem man die Flankirung am leichtesten bewerkstelligen konnte, genommen. Jetzt aber avisirte der zur Verbindung zurückgebliebene Schwarm die Annäherung einer starken Infanterie- und Cavallerie-Abtheilung. Von fünf Seiten im Feuer, ohne Hoffnung auf Verstärkung, mussten wir, um nicht ganz von der Stadt abgeschnitten zu werden, den Rückzug antreten. Ich hatte mehrere Todte und Verwundete. In diesem Moment war ein Entsatz des Maquiltepec unmöglich. Die Besatzung des Forts war bereits am Wege in die Stadt und musste wieder umkehren. Um halb 9 Uhr Abends bestieg ich den Mirador der Spitals-Caserne. Von diesem guten Aussichtspunkte beobachtete ich das Aufblitzen des Kleingewehrfeuers. Nur in der Richtung des Forts Maquiltepec blieb alles in tiefe Finsterniss gehüllt. Um 9 Uhr stieg plötzlich von der Höhe des Vulcans eine mächtige Feuergarbe in die Luft, begleitet von einer die Erde erschütternden Detonation, der dann noch viele schwächere folgten. Die tapfere Besatzung des Maquiltepec hatte das Fort in die Luft gesprengt. In banger Erwartung harrten wir der weiteren Entwickelung der Dinge.

Gegen 12 Uhr Nachts hörten wir Kleingewehrfeuer in der Richtung von Maquiltepec bei der S. Jose-Kaserne. Wir waren kampfbereit und es wurde den Besatzungen von Calvario (4. Jäger-Compagnie) und S. Jose (3. Compagnie) das Signal zur Einrückung in die Stadt gegeben.

Gleichzeitig mit der vierten Compagnie rückte auch die Besatzung des Maquiltepec, welche die finstere Nacht zum Durchbruche der feindlichen Linien benützt hatte, von uns mit Jubel begrüsst, unter Commando des braven Oberlieutenants Stöhr in die Stadt ein. Leider fehlten von der Besatzung Oberlieutenant Lorenz, Lieutenant Bachmann und 40 Mann, darunter 25 Indianer meiner Compagnie.

Der 3. Compagnie war die Möglichkeit ebenfalls einzurücken abgeschnitten; sie war von der übrigen Garnison durch 1000 Mann Liberaler getrennt.

Nochmals suchten wir Major Hammerstein zu einem Durchbruche zu bewegen und wieder wies er dieses Ansinnen zurück. Er erwiderte, dass er Jalapa bis zum Äussersten halten werde.

Ich weiss nicht, welche Grenzen Baron Hammerstein „dem Äussersten" setzte, uns erschien es Allen, als wären wir schon längst beim Äussersten angelangt. Ohne Lebensmittel, fast ohne Munition, sind wir auf einen kleinen Theil der Stadt beschränkt, während sich der grössere und die ganze Umgebung bereits im Besitze des Feindes befindet.

Zum letztenmale besuchte ich heute die Familie S. Anna, die mir so theuer geworden war.

Todtenbleich empfingen mich die armen Frauen; die Kugeln schlugen in ihren Hof ein und die Aufregung, die Angst vor der nächsten Zukunft raubte ihnen fast die Besinnung. Ich suchte sie zu beruhigen, liess mir Amulets umhängen, die mich vor allen Gefahren schützen sollten und sagte ihnen endlich mit tiefbewegtem Herzen Lebewohl. Es war ein Abschied für das Leben.

11. November. Es war eine furchtbare Nacht, der Feind bewarf die Stadt mit Granaten, das Kleingewehrfeuer verstummte keinen Moment und wurde bei Tagesanbruch noch bedeutend verstärkt.

Alatorre traf seine Dispositionen mit Kraft und Energie. Er entwickelte eine bewunderungswürdige Thätigkeit und versäumte nichts, um den Angriff so wirksam als möglich zu machen.

Ununterbrochen tobte der Kampf, wobei der Gegner seine Geschütze mit grosser Umsicht benützte.

Da plötzlich, um halb 4 Uhr Nachmittags, wurde von beiden Seiten das Signal „Feuereinstellen" gegeben.

Es klang wie Grabesläuten und fuhr uns durch alle Glieder.

Der Feind schickte einen Parlamentär durch Lieutenant Bachmann, später kam Alatorre selbst.

Noch während der Verhandlungen drang der Feind in die Stadt, besonders bei der Barrikade Nr. 1, wo selbem kein Widerstand entgegengesetzt wurde.

Bei der Barrikade Nr. 6 wurde hingegen heiss gekämpft. Lieutenant Carl Simrók warf sich mit einigen Leuten ungestüm dem eindringenden Feinde entgegen, und fand bei dieser Gelegenheit einen ehrenvollen Tod. Vormittags war auch der tapfere Oberlieutenant Thyr gefallen, als er die Verbindung mit S. Jose und der inneren Stadt bewerkstelligen wollte.

Während der Verhandlungen errichteten meine Leute, die den Gedanken, sich ergeben zu müssen, nicht fassen konnten, bei der Spitalskaserne eine Nothbarrikade aus Tischen, Bänken und Brettern. Obwohl ich die Nutzlosigkeit dieses Unternehmens erkannte, hinderte ich sie nicht daran; sie waren ausser sich und beschworen mich, nicht in Verbindung mit den Liberalen zu treten.

Major Hammerstein wollte ohne den General Calderon keine Capitulation eingehen, aber Alatorre erwiderte hochmüthig, er unterhandle nur mit Ehrenmännern. Calderon sei ein Ladron (Räuber), und wenn er sich blicken lasse, werde er ihn erschiessen lassen.

Endlich wurde die Vereinbarung getroffen, dass die Garnison, nach Abgabe der Waffen, abziehen könne, wohin es ihr beliebt. Alatorre sagte, er gebe uns dieselben Bedingungen, die er bei Papantla eingehen musste.

Bei meinen Indianern riefen diese Vorgänge einen wahren Sturm der Entrüstung hervor. Sie zerbrachen ihre Waffen und warfen sie mit der Munition in die Brunnen, und weit davon entfernt, mit ihren Landsleuten zu fraternisiren, zeigten sie ihnen den grössten Hass. Francisco Vitornel und Antonio Sanchez, welche der Aufforderung, die Waffen abzugeben, nicht Folge leisten wollten und sich mit Löwenmuth gegen die Übermacht vertheidigten, wurden erschossen. Es kostete mir grosse Mühe, die furchtbar aufgeregten Gemüther zu beschwichtigen und zur Vernunft und Überlegung zu bringen.

Alatorre, den ich an der Spitze meiner Leute am Hauptplatze begegnete, ging auf mich zu, schüttelte mir die Hand und sagte:

„Ich achte Sie und Ihre Compagnie. Ihr habt uns viel zu schaffen gemacht und Euch brav gerauft. Ich bin stolz auf meine Landsleute!"

General Don Honorato Dominguez, den ich von früher kannte, umarmte mich und frug, ob er mir irgend einen Dienst leisten könne, um mir seine Achtung zu beweisen.

Da meine Indianer, durch ihren offen zur Schau getragenen Hass, die feindlichen Soldaten reizten, so gab mir Dominguez seinen Adjutanten. Obersten Alverado, zur Bedeckung mit, der mich und die Compagnie bis zur S. Jose-Kaserne begleitete, wo wir untergebracht wurden.

Die feindlichen Führer haben sich fast ohne Ausnahme sehr ritterlich benommen und duldeten keine Ausschreitungen bei ihren Untergebenen. Oberst Don Miguel Perez de Pilal erschoss vor meinen Augen zwei Soldaten, die in ein Haus eingedrungen waren, um zu rauben.

Da wir das Schicksal unserer Leute theilen und die Kaserne nicht verlassen wollten, so versorgte uns der Adjutant Alatorres, Oberst Maranion, der für unsere Sicherheit verantwortlich war, mit Speisen und Getränken.

12. November. Ich begab mich in das Hôtel, wo wir gespeist hatten, um den Rest meines Abonnements zu zahlen. Am Wege dahin begegnete ich Carillo; schweigend, ohne zu grüssen wollte ich an ihm vorübergehen. Doch er umarmte mich, trotz meines Protestes, mit Thränen in den Augen und sagte:

„Verurtheilen Sie mich nicht, ehe Sie nicht Alles wissen. Ich konnte nicht anders handeln. Jalapa war nicht zu halten und meine Familie, mein ganzes Vermögen, war in der Gewalt der Liberalen."

Von ihm begleitet, kehrte ich in die Jose-Kaserne zurück, und da er mir durchaus einen Dienst leisten wollte, übergab ich ihm meine ganze Bagage zur Beförderung nach Puebla. Mittlerweile waren viele Bekannte gekommen, um sich auf das Herzlichste von mir zu verabschieden.

Um 9 Uhr Vormittags marschirten wir von Jalapa ab. Jeder Officier erhielt die Bewilligung, sich eines der abgenommenen Husarenpferde zu nehmen.

Da die Mannschaft von den grossen Strapatzen und schlaflosen Nächten sehr ermüdet und dabei ausgehungert war, ging der Marsch nur langsam vorwärts. Der ganze Weg bis nach La Hoya war verschanzt. In Banderillo schlossen sich uns die gefangenen Officiere von Maquiltepec, Lorenz und Bachmann an, und so zogen wir weiter auf dem Wege nach Puebla.

Was wir über die Zustände des Landes sahen und hörten, überstieg unsere ärgsten Befürchtungen. Alles war demoralisirt, entmuthigt, in der Auflösung begriffen; selbst derjenige Theil der Bevölkerung, der sich noch vor kurzer Zeit der Regierung ergeben zeigte, lehnte sich jetzt gegen sie auf. Die Macht der Liberalen breitete sich immer weiter aus und die Pronunciamentos der einheimischen Truppen waren an der Tagesordnung.

Der Clerus zeigte sich im höchsten Grade unzuverlässig und Marschall Bazaine terrorisirte den Kaiser und intriguirte gegen ihn, wie es bei der Rohheit seines Wesens nur immer möglich war. Zu Allen dem machte sich noch der nordamerikanische Einfluss fühlbar und hiemit war das Schicksal des mexikanischen Kaiserstaates besiegelt. Die französischen Truppen wurden abberufen; wir waren zu schwach, um die von ihnen verlassenen Städte und Ortschaften zu besetzen und der Feind bemächtigte sich ihrer ohne Schwertstreich.

Der Geldmangel der Regierung wurde immer drückender und erreichte seinen Höhepunkt, als die wichtigste Erwerbsquelle des Staates, die Douanen, bis Veracruz von den Franzosen in Beschlag genommen wurden. Der Kaiser sah sich dadurch veranlasst, das österreichisch-belgische Freicorps aufzulösen und zu entlassen.

So verliessen wir denn das Land, welches wir vor mehr als zwei Jahren mit so stolzen Hoffnungen betreten, mit so viel Blut und Schweiss gedüngt hatten, enttäuscht und ernüchtert.

Nichts war uns geblieben, als das Bewusstsein, dass jeder Einzelne von uns sein Möglichstes gethan hat, um die Mission, der sich Kaiser Maximilian, als Erbe Carl V., berufen fühlte, zu unterstützen und seine Macht zu befestigen.

Mit Thränen in den Augen sah ich vom Bord des französischen Kriegsschiffes La Drôme die Küsten Mexikos am Horizont verschwinden und im Geiste nahm ich nochmals Abschied von all' den Plänen von Glück und Ehrgeiz, mit denen ich mich getragen.

Der unermessliche Ocean, auf dem kein Augenblick dem andern gleicht, der in tausend Zungen spricht und dem staunenden Auge immer neue Wunder enthüllt, übte den alten Zauber auf mich aus und gewährte dem müden Geiste eine unerschöpfliche Quelle der Zerstreuung.

Die Küsten des mittelländischen Meeres breiteten sich im Frühlingsschmucke, in wundervoller Schönheit, vor uns aus, und stellten die Erinnerung an die Grossartigkeit der mexikanischen Landschaften in den Schatten. Und endlich schlugen die Wellen der blauen Adria, leise rauschend, an die Schiffswände, und eine kühle Brise milderte die Sonnengluth, die auf dem Zaubergarten von Miramare lagerte.

Hier fanden die schönsten und kühnsten Gedanken eines edlen Fürsten ihr Dasein, von hier aus sagte er der Heimat für immer Lebewohl, um hinauszuziehen nach den weiten Ländern, die den Herrscher zu erwarten schienen.

Es war anders gekommen, ganz anders.

Ich lasse den Vorhang fallen über das blutige Drama von Queretaro. Der Lorberkranz auf dem Grabe meines unglücklichen Kaisers wird niemals welken.

Wie ein farbenglühender Traum kamen sie mir vor, die vergangenen Jahre, mit ihren Gefahren, ihren Kämpfen, ihrer Ungebundenheit, wo ich meine Thätigkeit in einem grossen Wirkungskreise entfalten, selbständig nach meinem besten Wissen und Können handeln konnte und an der Spitze meiner mir bis zum Tode ergebenen Muchachos dem Feinde so oft Furcht und Schrecken einflösste.

Vorbei, vorbei! Ich erwachte bei meinem früheren Regimente als Lieutenant hinter sechs Rotten, wovon die Eine eine blinde war.

Die unendliche Güte und Liebenswürdigkeit meines edlen Obersten (jetzt Feldmarschall-Lieutenant a. D.) v. Bäumer, und das liebevolle Entgegenkommen meiner alten Kameraden erleichterte mir den grellen Übergang und liess manche Wunde heilen, die mir das Schicksal schlug.

v. Czajkowski,
k. k. Hauptmann.

Ein austro-mexikanischer Officier in der Marschadjustirung.

www.ingramcontent.com/pod-product-compliance
Lightning Source LLC
Chambersburg PA
CBHW020058170426
43199CB00009B/326